新能源汽车检测与维修专业技能人才培养工学一体化课程教材

新能源汽车空调检修

孟　磊　陈金伟/主　编
张登裕　杨　广　李贵发/副主编
许云珍/主　审

人民交通出版社
北京

内 容 提 要

本书是新能源汽车检测与维修专业技能人才培养工学一体化课程教材之一。本书主要围绕新能源汽车空调异味故障检修、新能源汽车空调不制冷故障检修、新能源汽车空调无暖风故障检修三个学习任务组织开展工学一体化教学活动。

本书可作为技工院校预备技师、中高级工层级新能源汽车检测与维修专业教材，可用作中高职新能源汽车技术专业教材，也可供新能源汽车维修人员及相关技术人员参考使用。

本教材配套数字资源，读者可免费扫码观看和在线学习；本教材同时配有教学课件，教师可通过加入汽车技工研讨群（QQ:428147406）获取。

图书在版编目（CIP）数据

新能源汽车空调检修/孟磊，陈金伟主编. —北京：
人民交通出版社股份有限公司，2024.9.（2025.7重印）
ISBN 978-7-114-19573-0

Ⅰ．U469.703

中国国家版本馆 CIP 数据核字第 2024EV6105 号

书　　　名：	新能源汽车空调检修
著 作 者：	孟　磊　陈金伟
责任编辑：	郭　跃
责任校对：	赵媛媛　魏佳宁
责任印制：	张　凯
出版发行：	人民交通出版社
地　　址：	(100011) 北京市朝阳区安定门外外馆斜街 3 号
网　　址：	http://www.ccpcl.com.cn
销售电话：	(010)85285911
总 经 销：	人民交通出版社发行部
经　　销：	各地新华书店
印　　刷：	北京市密东印刷有限公司
开　　本：	787×1092　1/16
印　　张：	10
字　　数：	202 千
版　　次：	2024 年 9 月　第 1 版
印　　次：	2025 年 7 月　第 2 次印刷
书　　号：	ISBN 978-7-114-19573-0
定　　价：	36.00 元

（有印刷、装订质量问题的图书，由本社负责调换）

编审委员会名单

主 任 委 员 文爱民

副主任委员 戴良鸿　沐俊杰　魏垂浩

委　　　员 （按照姓氏笔画排序）

广禹春	王玉彪	王　杰	王　瑜	王　雷
毛红孙	朱建勇	刘　卯	刘　宇	刘轩帆
刘　健	刘爱志	刘海峰	汤　彬	许云珍
杨雪茹	李长灏	李永富	李学友	李　轶
肖应刚	吴　飞	张　薇	陈志强	陈李军
陈金伟	陈新权	孟　磊	郝庆民	姚秀驰
夏宝山	晏和坤	高窦平	郭志勇	郭　锐
郭碧宝	唐启贵	黄　华	黄辉镀	彭红梅
彭钰超	解国林	樊永强	樊海林	

前言
Preface

为进一步贯彻落实《关于深化技工院校改革 大力发展技工教育的意见》《技工教育"十四五"规划》《推进技工院校工学一体化技能人才培养模式实施方案》等文件精神，对接汽车产业发展新趋势，满足新能源汽车领域高质量发展对高素质技术技能人才的需求，人民交通出版社特组织江苏汽车技师学院、广西交通技师学院、贵州交通技师学院、杭州技师学院、浙江交通技师学院、江苏省交通技师学院、广西工业技师学院、北京汽车技师学院、日照技师学院等20余所院校，共同编写了新能源汽车检测与维修专业技能人才培养工学一体化课程教材。

工学一体化培养模式是依据国家职业技能标准及技能人才培养标准，以综合职业能力培养为目标，将工作过程和学习过程融为一体，培育德技并修、技艺精湛的技能劳动者和能工巧匠的人才培养方式。本套教材秉承上述理念，落实《技工院校教材管理工作实施细则》，遵循知识和技能并重的改革方向，根据技工教育的特点以及技工院校学生的学习情况进行编写，具有以下特点：

（1）教材编写依据最新发布的《新能源汽车检测与维修专业国家技能人才培养工学一体化课程标准》，贯彻以学生为中心、以能力为本位的教学理念，构建难度适当的理论知识体系，以学生的实操内容及职业素养培养为核心，围绕典型学习任务设计教材任务、活动，突出知识的实用性、综合性和先进性。教材按照四步法"明确任务、工作准备与计划制订、计划实施、评价反馈"编写而成，充分实现思想政治教育、知识传授、技能培养融合统一，持续推动技工院校内涵发展和特色发展。

（2）在教材中融入了丰富的课程思政元素及党的二十大精神内容，选取国产汽车品牌进行详解，培养学生的国产品牌意识，增强民族自信，体现"培根铸魂，启智润心"教育目标，实现思想政治教育与技术技能培养的有机结合。

（3）教材编写过程中充分吸纳行业、企业专家，深入了解目前行业、企业对本专业人才的实际需求，由相关企业提供部分配套的教学资源和技术支持，行业企业人员真正深度参与教材编写与开发。进一步提高技能人才培养质量，帮助学生从学校学习到就业工作紧密衔接。

（4）部分教材配备了丰富的教学资源（纸数融合），教材的知识点以二维码链接动画、视频资源，所有教材配有课件、习题及答案等，满足学生个性化学习的需求，提升教材使用体验感。

　　本书围绕新能源汽车空调系统编写，主要选取吉利帝豪 EV450、大众 ID4 比亚迪秦 PLUS EV 等车型，并结合其他品牌的新能源汽车讲解新能源汽车空调系统各组成部分结构、工作原理及拆装、检修方法。部分车型作为实训任务车型，使课程更贴近实际操作，学生易于理解和记忆。本书分为新能源汽车空调异味故障检修、新能源汽车空调不制冷故障检修、新能源汽车空调无暖风故障检修三个学习任务。本书的教学内容源于新能源汽车空调维修中的典型工作任务，紧贴实际工作岗位的具体要求。本书融合了新能源汽车空调检修的相关知识点和技能点，按照明确任务、工作准备与计划制订、计划实施和评价反馈四个步骤，实现让学生在"学中做、做中学"，以工学一体化教学模式，全面培养学生的职业核心能力和职业素养。书中配有操作视频，以二维码的形式附在书中，方便教师授课及学生参考。

　　本书由杭州技师学院孟磊、陈金伟担任主编，杭州技师学院张登裕、杨广，广西交通技师学院李贵发担任副主编，由浙江交通技师学院许云珍担任主审。参编人员有杭州技师学院蒋肖炜、余洋。本书包括三个学习任务。学习任务一由李贵发编写；学习任务二由张登裕、余洋共同编写；学习任务三由杨广、蒋肖炜共同编写；孟磊、陈金伟对本书进行统稿、定稿。

　　限于编者水平，书中难免有疏漏和错误之处，恳请广大读者提出宝贵建议，以便进一步修改完善。

编　者
2024 年 5 月

目录
Contents

学习任务一　新能源汽车空调异味故障检修 ·· 1
　学习活动 1　新能源汽车空调滤清器的检查与更换 ································ 2
　学习活动 2　新能源汽车空调通风系统的检查与清洗 ······························ 9
　学习活动 3　新能源汽车空调蒸发器的检查与清洗 ······························· 18
　习题 ·· 27

学习任务二　新能源汽车空调不制冷故障检修 ······································ 30
　学习活动 1　新能源汽车空调基本性能检测 ······································ 31
　学习活动 2　新能源汽车空调制冷剂的回收与加注 ······························· 40
　学习活动 3　新能源汽车空调压缩机控制电路的检修 ····························· 47
　学习活动 4　新能源汽车空调压缩机的检查与更换 ······························· 59
　学习活动 5　新能源汽车空调制冷系统部件的检修 ······························· 68
　习题 ·· 82

学习任务三　新能源汽车空调无暖风故障检修 ······································ 86
　学习活动 1　新能源汽车空调制热系统控制电路检修 ····························· 87
　学习活动 2　新能源汽车空调 PTC 加热器更换 ··································· 99
　学习活动 3　新能源汽车空调暖风电动水泵的检修 ······························ 106
　学习活动 4　新能源汽车空调风向电机控制电路检修 ···························· 115
　学习活动 5　新能源汽车空调风向电机的检查与更换 ···························· 134
　习题 ··· 149

参考文献 ·· 151

学习任务一
新能源汽车空调异味故障检修

学习目标

1. 知识目标

(1)能识别新能源汽车空调系统的组成及各部件的安装位置。

(2)能描述新能源汽车空调通风系统各部件的作用、组成及结构。

(3)能描述新能源汽车空调滤清器的类型、作用及安装位置。

(4)能描述新能源汽车空调蒸发器的作用及安装位置。

2. 技能目标

(1)能准确阅读维修工单,就车确认空调异味故障的现象。

(2)能按照维修手册要求,规范检查与更换新能源汽车空调滤清器。

(3)能按照维修手册要求,规范检查与清洗新能源汽车空调通风管道。

(4)能按照维修手册要求,规范拆检与清洗新能源汽车空调蒸发器。

(5)能完成新能源汽车空调异味故障原因分析。

3. 素养目标

(1)能按 7S 管理规定要求清理现场,并对维修场地设备进行日常维护。

(2)能在作业过程中严格执行企业操作规范、安全生产制度、环保管理制度,严格遵守从业人员的职业道德,培养吃苦耐劳、爱岗敬业的工作态度和职业责任感。

(3)能正确识别原厂配件,不使用劣质配件,养成良好的质量意识。

参考学时

28 学时。

任务描述

一辆新能源汽车进厂维修,客户反映汽车开空调时车内有异味、经班组长初步检查,诊断为空调通风系统故障,需要对其进行检修。学生要在 2 学时内,依据空调通风系统检修作业流程,排查空调通风系统各组成部件工作情况,查找、确定故障点并进行修复,确保空调通风系统恢复良好功能状态。学生从教师处领取任务,通过阅读任务工单,明确任务要求,参照《汽车维护、检测、诊断技术规范》(GB/T 18344—2016)、《纯电动汽车维护、检测、诊断技术规范》(JT/T 1344—2020)及企业操作规程,明确通风系统检修作业内容和作业流程,根据作业需要领取工具、材料、设备,以二人合作的方式,遵循企业维修工作规程,按照作业流程及规范在规定时间内完成新能源汽车空调通风系统故障点的查找、确定和修复作业,检验合格后填写作业检查单,并交由教师验收。工作过程中,学生应严格执行相关标准及企业操作规程,自觉遵守企业质量、安全、环保及 7S 管理等制度规定。

学习活动1 新能源汽车空调滤清器的检查与更换

一 明确任务

根据任务描述,由于车辆使用时间的增加或维护不当等原因,造成空调异味故障现象,需要对空调滤清器部件进行检查与更换,使其恢复正常使用性能。

二 工作准备与计划制订

(一)知识准备

1. 新能源汽车空调的功用及组成

新能源汽车空调是指安装在新能源汽车上的空调系统,其功用与传统燃油汽车空调系统功用一致,即在_____下对车厢内空气进行_____、_____、_____和净化处理,为车内驾乘人员提供舒适的乘车环境,减轻驾驶人的疲劳感,增加乘坐舒适性。

新能源汽车空调系统主要由_____、_____、_____、_____和_____组成。

新能源汽车的制冷系统与传统燃油汽车的制冷系统基本相同,由压缩机、冷凝器、蒸发器、冷却风扇、鼓风机、膨胀阀和高低压管路附件等组成。二者的区别是传统燃油汽车空调压缩机由发动机传动带通过_____带动,而新能源汽车采用_____压缩机,由动力蓄电池提供的_____驱动,如图1-1所示。

新能源汽车空调制热系统与传统燃油汽车空调制热系统在结构上存在不同,就纯电车而言,无法通过利用发动机余热以达到制热及除霜的效果,其制热系统主要有两种类型:_____及_____系统。

2. 空调异味形成机理

(1)汽车内部空气循环和净化是异味形成的一个重要原因。

(2)空调系统内的湿度和温度变化为细菌和霉菌滋生提供了条件。

(3)通风系统内的细菌和霉菌是产生异味的一个重要因素。

3. 空调滤清器的作用

汽车空调滤清器俗称花粉滤清器,其作用是_____从外界进入车厢内部的空气,使空气的洁净度提高,过滤物质是指空气中所包含的_____、_____、_____、_____和_____等,如图1-2所示。

图1-1 新能源汽车空调系统结构 　　图1-2 汽车空调滤清器

4. 空调滤清器的安装位置

汽车空调滤清器一般安装在汽车的_____前的_____或者_____位置。

5. 空调滤清器的结构特点

汽车空调滤清器一般分为两类,分别是_____空调滤清器和_____空调滤清器。普通型空调滤清器是由一种特定的环保过滤材料经过加工折叠后做成,多为白色单层;活性炭系列空调滤清器是由两面无纺布复合中间夹有微小的颗粒活性炭做成的活性炭滤布,再加工制作成空调滤清器,可以有效过滤车外空气中的灰尘以及花粉,如图1-3所示。

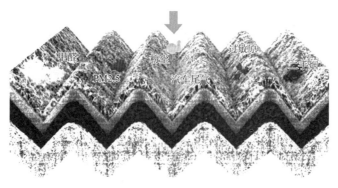

图1-3 活性炭系列空调滤清器结构

6. 空调滤清器的更换周期

汽车空调滤清器的更换周期一般为车辆行驶_____ km 进行更换，或__年更换一次，也可根据行车的外界环境来定，如果当地环境干湿度对比大，常年气候干燥，风沙大，应提前更换。

7. 空调滤清器对空调系统的影响

（1）若空调系统没有安装空调滤清器，当空调系统处于外循环模式运行时，车外空气中的杂质、有害颗粒可通过通风管道直接进入车厢内部，污染车内的空气质量，影响驾乘人员的身体健康。

（2）若长时间未更换空调滤清器，堆积在空调滤清器表面上的尘土及杂物会造成空调出风量减弱，使制冷或制热效果下降。尤其是处于长时间潮湿天气时，因空调滤清器吸附大量异味物质造成内部发霉，产生难闻的异味。

（二）制订工作方案

1. 任务分工（表1-1）

学生任务分配表　　　　表1-1

班级		组号		指导老师	
组长		任务分工			
组员1		任务分工			
组员2		任务分工			
组员3		任务分工			
组员4		任务分工			
组员5		任务分工			
组员6		任务分工			

2. 工量具、仪器设备与耗材准备

（1）使用的工量具有：_____。

（2）使用的仪器设备有：_____。

（3）使用的耗材有：_____。

3. 具体方案描述

_____

_____

_____

_____

三、计划实施

(一)安全注意事项及技能要点

1. 安全注意事项

(1)按操作规程做好工位及实训车安全防护,避免学习活动过程中出现实训车溜车等危险状况。

(2)根据具体实训车型技术规范,操作前断开蓄电池负极,做好绝缘安全防护,避免在拆卸过程中带电拔插电路插接器。

(3)按技术规范拆卸空调滤芯,避免因违规操作造成空调滤芯破损。

(4)清洁空调滤芯应佩戴防护口罩,防止吸入吹出的粉尘杂质。

2. 技能要点

(1)参考维修手册,明确更换清洁空调滤芯技术标准。

(2)更换空调滤芯前应确定滤芯类型,避免更换错误的空调滤芯。

(3)滤芯安装前确认安装标记,避免安装朝向错误。

(4)严格遵守一体化教学 7S 管理规定。

(二)空调滤芯检查及更换

1. 任务准备(表 1-2)

任务准备操作方法及说明　　　　　　　　　　表 1-2

步骤	操作方法及说明	质量标准及记录
任务准备	(1)接车、正确停车至维修工位。 (2)正确放置车轮挡块、安装车内三件套。	□按接车标准完成车辆交接、停放、安全防护

续上表

步骤	操作方法及说明	质量标准及记录
任务准备	（3）检查驻车制动挡位（P挡）。  （4）清洁工位、填写任务单。 （5）准备任务工具及更换耗材 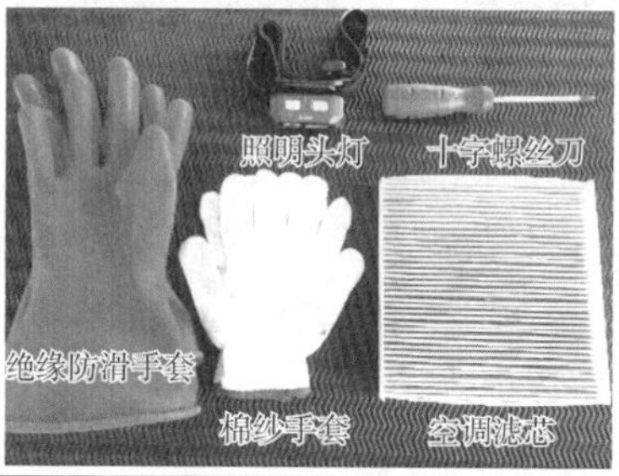	

2. 拆卸空调滤芯（表1-3）

拆卸空调滤芯操作方法及说明　　　　　　表1-3

步骤	操作方法及说明	质量标准及记录
拆卸空调滤芯	（1）拆卸副驾仪表台储物箱。  （2）拆卸空调滤清器盒盖板。 	□拆卸过程按维修技术规范进行

续上表

步骤	操作方法及说明	质量标准及记录
拆卸空调滤芯	(3)取下空调滤芯	

3. 检查及更换空调滤芯(表1-4)

检查及更换空调滤芯操作方法及说明　　　　表1-4

步骤	操作方法及说明	质量标准及记录
检查、清洁、更换空调滤芯	(1)目视检查空调滤芯表面。 (2)清洁空调滤芯。 (3)更换同型号空调滤芯	□是否有破损状况(需更换)。 □是否有发霉、异味、异物及尘土堆积状况(需更换)。 □若无以上状况,可进行高压除尘清洁,按维修手册空调滤芯保养更换周期情况进行。 □使用高压除尘枪(压缩空气)自下而上进行清洁。 □安装空调滤芯时,需注意侧面的箭头标识,箭头应朝上,否则将影响外循环模式时的进风速度,使出风量明显减少

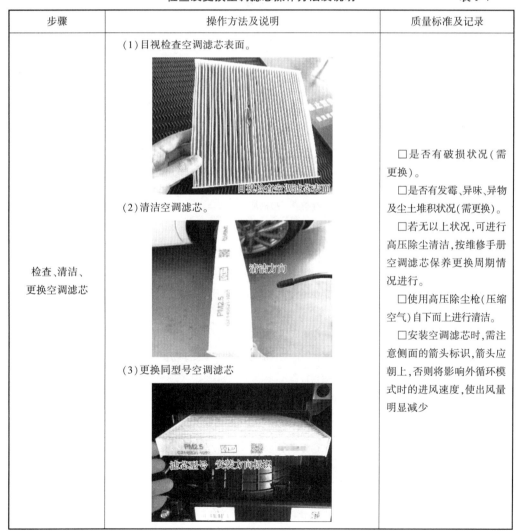

4. 恢复工位、任务交接(表1-5)

恢复工位、任务交接操作方法及说明　　　　　　　表1-5

步骤	操作方法及说明	质量标准及记录
恢复交接、填写工作任务单	(1)安装空调滤清器盒盖板。 (2)安装副驾驶储物箱。 (3)清洁工位、收拾工具、填写任务单,完成任务交接	□确保卡扣安装到位,否则空调系统运行时会产生异响。 □安装后检查开启关闭是否正常顺畅。 □按7S管理进行

四 评价反馈(表1-6)

评价表　　　　　　　表1-6

评分项目	评分标准	分值	得分
学习目标	能明确学习任务的知识目标、技能目标、素养目标,理解任务在工作中的重要程度	5	
工作任务分析	能清晰描述完成本次工作任务内容	3	
	能清晰描述完成本次工作任务需必备的技能与知识点	2	
有效信息获取	能讲述空调滤清器的作用	3	
	能指出空调滤清器安装位置	3	
	能区分不同空调滤清器的技术要点	3	
	能讲述空调滤清器维护及更换周期	3	
	能结合案例讲述空调滤清器对空调系统的影响	3	
实施方案制订	能清晰地制订并填写本次新能源汽车空调滤清器检查更换准备作业计划	5	
	能组织或协同工作小组成员,明确本次任务所需仪器设备、工具、材料的准备与清点,并准备记录	3	
	能组织或协同工作小组成员交流,优化检查方案并记录	2	
任务实施	能按制订计划完成任务前工具准备、工位车辆安全防护、任务分工	5	
	正确拆卸副驾驶储物箱	5	
	正确拆卸空调滤清器盒盖板	5	
	正确检查空调滤芯	5	
	能区分不同类型空调滤芯	5	
	正确安装空调滤芯	5	
	正确安装空调滤清器盒盖板及储物箱	5	
	恢复工位、7S管理,完成任务交接	5	

续上表

评分项目	评分标准	分值	得分
任务评价	能通过本次任务实施,结合自己在实训过程中的表现,进行自我评价及自我反思并记录	5	
职业素养	规定时间内完成学习工作任务	5	
	自觉遵守实训室管理规定、劳动纪律	5	
	积极参与课堂活动、回答问题	3	
	按时出勤,不旷课早退,自律,执行力强	2	
思政要求	注重理论与实践相结合、责任与担当、细致严谨态度的传承	5	
	总计	100	

改进建议:

教师签字:
日期:

学习活动2 新能源汽车空调通风系统的检查与清洗

一、明确任务

由于新能源汽车使用时间的增加或维护不当等原因,可能造成空调异味等故障现象,在学习活动1中已经进行了空调滤清器检查与更换。为进一步解决空调系统送风异味问题,本次任务需对空调通风系统进行检查与清洗。请学员查阅维修手册、汽车用户使用手册等资料,准备空调通风系统管道检查与清洗所需的工具、配件、耗材等,明确空调通风系统管道检查与清洗的工作步骤,并予以实施。

二、工作准备与计划制订

(一)知识准备

1. 空调通风系统的通风模式

新能源汽车空调通风系统与传统燃油车类似,其主要作用是在车辆在行驶过程中按驾驶人意愿进行车内通风,将新鲜的空气通过空调_____送入车内与车内的空气进行_____处理,排出污浊空气。常见的通风模式有以下三种。

1)自然通风

自然通风模式在车辆行驶过程中,不开启_____状态下,打开空调系统的_____模式,利用车身内外表面的风压差,空气通过外部进风口进入车内,实现在密闭状态下的通风形式。

2)强制通风

强制通风模式是开启空调鼓风机,利用鼓风机工作产生的压力差将车外部的空气吸入车内,强制进行通风的形式。

3)综合通风

综合通风模式是车辆在行驶过程中同时采用自然通风与强制通风两种工作模式。

2. 空调通风系统的组成

空调通风系统的组成主要是由_____、_____、_____、_____及其对应的_____等组成,如图1-4所示。

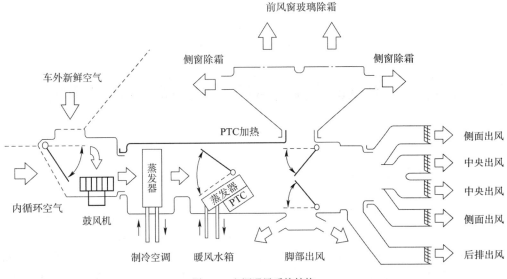

图1-4 空调通风系统结构

3. 空调通风管道异味形成分析

(1)空调系统在冷热交换工作过程中,会产生大量的冷凝水汽,这些水汽会从冷凝器后端吹至各个通风管道,水汽充满整个通风管道,此时管道里湿润的环境是细菌和霉菌滋生的理想环境。

(2)细菌和霉菌会在湿热的通风管道环境中滋生繁殖,并通过分解有机物质产生恶臭气体。这些气体会通过空调系统的通风管道传播到车内,使驾乘人员闻到异味。

（二）制订工作方案

1. 任务分工（表1-7）

学生任务分配表　　　　　　　　　　表1-7

班级		组号		指导老师	
组长		任务分工			
组员1		任务分工			
组员2		任务分工			
组员3		任务分工			
组员4		任务分工			
组员5		任务分工			
组员6		任务分工			

2. 工量具、仪器设备与耗材准备

（1）使用的工量具有：_____。

（2）使用的仪器设备有：_____。

（3）使用的耗材有：_____。

3. 具体方案描述

_____
_____
_____
_____
_____

三、计划实施

（一）安全注意事项及技能要点

1. 安全注意事项

（1）清洁前关闭空调，检查并清理外进风口杂物和粉尘，避免落入通风管道。

（2）使用清洁剂前应提前摇匀，戴好防护套装，避免进入眼睛和口鼻。

2. 技能要点

（1）工作期间按照作业流程及技术标准规范完成。如将清洁软管尽可能探入通风管道最深处再喷入清洁剂。

（2）清洁剂分多次少量喷射，待清洁剂充分溶解后再开启空调鼓风机。

（3）应提前在空调排水管处放置清洁托盘，及时回收处理清洁污水。

(二)空调通风系统检查与清洗

1. 任务准备(表1-8)

任务准备操作方法及说明　　　　　　　　　　　　表1-8

步骤	操作方法及说明	质量标准及记录
任务准备	(1)接车、正确停车至维修工位。 (2)正确放置车轮挡块、安装车内三件套。 (3)检查驻车制动挡位(P挡)。 (4)清洁工位、填写任务单。 (5)准备任务工具及更换耗材	□按接车标准完成车辆交接、停放、安全防护

2. 空调通风系统及管道检查(表1-9)

空调通风系统及管道检查操作方法及说明　　　　　　　　　　表1-9

步骤	操作方法及说明	质量标准及记录
检查空调通风控制	(1)调节空调风量挡位。 (2)切换内外循环送风模式。 (3)调节空调各出风模式。 (4)检查各通风管道出风口调节装置。 (5)检查通风管道口	□检查风量调节是否正常。 □检查是否进行模式切换。 □检查各出风口是否正常送风。 □调整上下左右调节功能,开启关闭功能。 □是否有脏污尘土

3. 空调通风管道清洗（表1-10）

空调通风管道清洗操作方法及说明　　　　　　　　　　表1-10

步骤	操作方法及说明	质量标准及记录
清洗空调通风管道	（1）放置托盘至空调排水口下方。 （2）拆卸外进风口盖板。 （3）根据维修手册技术要求，拆卸副驾驶位仪表台储物箱。 （4）根据维修手册技术要求，拆卸空调滤芯盒盖板。 （5）取下空调滤芯。	□通风管道清洗按规范操作步骤进行

续上表

步骤	操作方法及说明	质量标准及记录
清洗空调通风管道	（6）连接空调系统专用清洁套装。 （7）均匀摇晃清洁剂，将清洁软管伸入外进风口及各管道出风口，依次喷入清洁泡沫，边喷边往外抽出软管，直至泡沫充满整个通风管道。 （8）将车辆静置15min，起动车辆，降下车窗，将空调系统切换至外循环模式，开启鼓风机，调整风量至中间挡位，继续往空调滤芯盒喷入清洁剂，运行5min。	

续上表

步骤	操作方法及说明	质量标准及记录
清洗空调通风管道	(9)将空调切换至内循环模式,开启A/C开关,温度调至最低,风量调整至最大挡位,继续运行5min直至排水口无泡沫排出。 (10)关闭A/C开关,保持鼓风机运行,吹干通风管道里的水汽	

4. 恢复工位、任务交接(表1-11)

恢复工位、任务交接操作方法及说明　　　　　　　　表1-11

步骤	操作方法及说明	质量标准及记录
恢复工位,填写工作任务单并完成任务交接	(1)安装空调滤清器盒盖板。 (2)安装副驾驶储物箱。 (3)清洁工位、收拾工具、填写任务单,完成任务交接	□确保卡扣安装到位,否则空调系统运行时会产生异响。 □安装后检查开启关闭是否正常顺畅。 □按7S管理进行

四、评价反馈（表1-12）

评价表　　　　　　　　　　　　　　　　　　　　　　表1-12

评分项目	评分标准	分值	得分
学习目标	明确本任务的知识目标、技能目标、素养目标，理解任务在工作中的重要程度	5	
工作任务分析	能清晰描述完成本次工作任务内容	3	
	能清晰描述完成本次工作任务所必备的技能与知识点	2	
有效信息获取	能讲述空调通风系统的作用	3	
	能区分三种通风形式的工作形式	3	
	能讲述空调通风系统的结构组成	3	
	能讲述空调异味产生的原因	3	
	结合案例讲述空调异味与通风系统之间的联系	3	
实施方案制订	能清晰地制订并填写本次新能源汽车空调通风系统检查与清洗的准备作业计划	5	
	能组织或协同工作小组成员，明确本次任务所需仪器设备、工具、材料的准备与清点，并准备记录	3	
	能组织或协同工作小组成员交流，优化检查方案并记录	2	
任务实施	能按制订计划完成任务前工具准备、工位车辆安全防护、任务分工	3	
	正确检查空调鼓风机出风量大小	3	
	正确检查空调内外循环模式	3	
	正确检查空调各送风模式	3	
	正确拆卸外进风口盖板	3	
	正确拆卸储物箱、空调滤清器盖板及空调滤芯	3	
	正确连接空调通风系统清洁套装	3	
	依次往外进风口、各空调出风口喷入清洁泡沫	3	
	静置10min，切换外循环模式，开启鼓风机（中间挡位）	3	
	继续往空调滤清器盒喷入清洁泡沫	3	
	切换内循环，开启空调A/C开关，鼓风机风量调整至最大挡位，温度调整至最低挡位	3	
	持续运行至空调排水口无泡沫排出	3	
	关闭A/C开关。继续保持鼓风机工作状态，直至将通风管道内的水汽吹干	3	

续上表

评分项目	评分标准	分值	得分
任务实施	关闭空调系统,依次安装空调滤芯,滤清器盒盖板、储物箱、外进风口盖板	3	
	恢复工位、7S 管理,完成任务交接	3	
任务评价	通过本次任务实施,结合自己在实训过程中的表现,进行自我评价及自我反思并记录	5	
职业素养	规定时间内完成学习工作任务	3	
	自觉遵守实训室管理规定、劳动纪律	2	
	积极参与课堂活动、回答问题	3	
	按时出勤,不旷课早退,自律,执行力强	2	
思政要求	注重理论与实践相结合、责任与担当、细致严谨态度的传承	5	
总计		100	

改进建议:

教师签字:
日期:

学习活动 3　新能源汽车空调蒸发器的检查与清洗

一　明确任务

由于汽车使用时间的增加或维护不当等原因,可能造成空调异味等故障现象,在学习活动 1、2 中已经进行了空调滤芯检查与更换、空调通风系统及管道的检查与清洗。为彻底解决空调送风异味问题,本次任务需对空调蒸发器进行检查与清洗。请学员查阅维修手册等资料,准备空调蒸发器检查与清洗所需的工具、配件、耗材等,明确空调蒸发器检查与清洗的工作步骤,并予以实施。

二 工作准备与计划制订

(一)知识准备

1. 空调蒸发器的作用

新能源汽车空调蒸发器一般安装于_____内部(汽车中控台副驾驶侧),蒸发器的主要作用是实现制冷的_____,提供足够的空间,使经过节流后的制冷剂在其内部_____,蒸发时吸收流经其表面及周围空气中的_____,使空气的_____下降后通过通风管道由_____吹送入车厢,从而达到车内_____的目的,如图1-5所示。

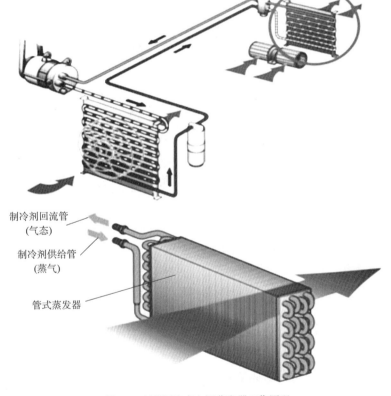

图1-5 新能源汽车空调蒸发器工作原理

2. 蒸发器的类型

新能源汽车空调蒸发器常见有_____式、_____式和_____式。由于加工工艺及换热效率上的不足,管带式及管片式蒸发器的装车率已逐步减少,现常用的蒸发器类型为_____式蒸发器,如图1-6所示。

管带式蒸发器　　　　　　管片式蒸发器

层叠式蒸发器

图1-6　汽车空调蒸发器结构类型

3. 空调异味与蒸发器的联系

学习活动2中已经阐述了空调异味产生的机理,空调蒸发器是诱发异味产生的主要源头,主要原因如下。

(1)蒸发器是空调系统进行热交换的主要部件,冷热交换过程必然会产生_____,这些冷凝水会附着在蒸发箱_____以及空调的_____附近,冷凝水聚集之后不容易蒸发,是空调系统形成_____环境的基础条件。

(2)在空调系统不断地运行过程中,空气通过外进风口进入通风系统,这些空气由鼓风机吸入吹送至_____表面,夹杂在其中的灰尘、细菌、杂质等不可避免地附着在其表面。伴随着空调使用年限的不断增加,诱发空调异味的物质便会大量聚集于蒸发器,形成异味产生的物质基础。

(3)蒸发箱内长期闷热潮湿环境加上聚集在表面上细菌或霉菌,这些细菌和霉菌会不断滋生繁殖,分解有机物产生异味,便是空调异味的根本源头。

4. 蒸发器的检查与清洗

由于蒸发器安装位置的特殊性,实际拆卸蒸发器所需的工时较多,结合企业4S店的实际维修情况与新能源汽车空调检修工学一体化课程学习任务的具体要求,本次学习活动采用不拆解的检查与清洗方式,工作效率更高,蒸发器检查与清洗全程可视化,检查与清洗效果符合空调系统工作的性能及技术检验要求。

(二)制订工作方案

1. 任务分工(表1-13)

学生任务分配表　　　　　　　　　表1-13

班级		组号		指导老师	
组长		任务分工			
组员1		任务分工			
组员2		任务分工			
组员3		任务分工			
组员4		任务分工			
组员5		任务分工			
组员6		任务分工			

2. 工量具、仪器设备与耗材准备

(1)使用的工量具有：_____。

(2)使用的仪器设备有：_____。

(3)使用的耗材有：_____。

3. 具体方案描述

_____
_____
_____
_____
_____

三 计划实施

(一)安全注意事项及技能要点

1. 安全注意事项

(1)清洁前提前开启空调A/C开关制冷,让蒸发器表面产生冷凝水,可提升与清洁剂融合度,清洁效果更好。

(2)绑定好清洁喷头与内窥镜头,使清洁喷头在前,内窥镜头在后。

(3)操作清洁剂喷头时避免粗暴操作,避免因刮碰蒸发器表面导致变形。

2. 技能要点

(1)工作期间按照作业流程及技术标准规范完成。

(2)工作时举止文明,正确使用劳动保护用品,保持工作现场整洁。

(3)严格遵守实训场地7S管理规定。

(二)空调蒸发器检查与清洗

1.任务准备(表1-14)

任务准备操作方法及说明　　　　　　　　　表1-14

步骤	操作方法及说明	质量标准及记录
任务准备	(1)接车、正确停车至维修工位。 (2)正确放置车轮挡块,安装车内三件套。 (3)检查驻车制动挡位(P挡)。 (4)清洁工位,填写任务单。 (5)准备任务工具及更换耗材	□按接车标准完成车辆交接、停放、安全防护

2. 空调蒸发器的检查(表1-15)

空调蒸发器的检查操作方法及说明　　　　　表1-15

步骤	操作方法及说明	质量标准及记录
检查空调蒸发器	(1)拆卸副驾驶储物箱。 (2)拆卸空调滤清器盒盖板、取下空调滤芯。 (3)拆卸空调鼓风机。	□拆卸过程按维修技术规范进行。 □是否有破损、制冷剂泄漏。 □尘土、杂质堆积状况

续上表

步骤	操作方法及说明	质量标准及记录
检查空调蒸发器	（4）组装调试内窥镜。 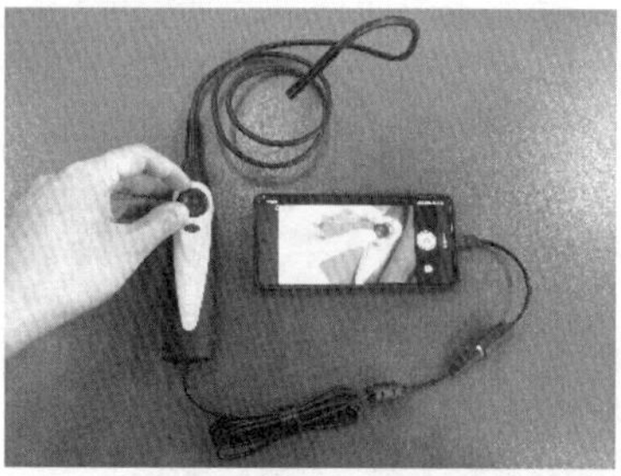 （5）从空调滤清器盒口伸进内窥镜。  （6）检查蒸发器表面 	

3. 空调蒸发器清洗（表1-16）

空调蒸发器清洗操作方法及说明　　　　表1-16

步骤	操作方法及说明	质量标准及记录
清洗空调蒸发器	（1）放置托盘至空调排水口下方。 （2）将清洁软管伸至蒸发器表面。 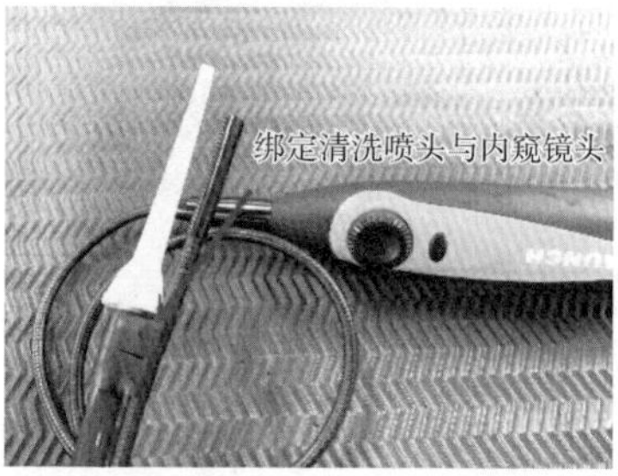 绑定清洗喷头与内窥镜头	□蒸发器清洗按规范操作步骤进行

续上表

步骤	操作方法及说明	质量标准及记录
清洗空调蒸发器	(3)喷入清洁泡沫,利用内窥镜观察泡沫覆盖情况。 (4)静置10min,用内窥镜检查蒸发器表面的清洁状况,视清洁状况可重复步骤(3),彻底清洁蒸发器。 (5)安装鼓风机,安装空调滤芯,安装滤清器盖板。 (6)按下A/C开关开启空调,切换至内循环模式,将温度调最低,鼓风机风量调至最大挡位。 (7)观察从空调排水口排出的清洁泡沫,直至无泡沫排出。 (8)按下A/C开关关闭空调,将温度调至最高挡位,鼓风机风量最大挡位,将蒸发器表面残留的冷凝水及通风管道里的水汽彻底吹干	

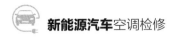

4.恢复工位、任务交接(表1-17)

恢复工位、任务交接操作方法及说明　　　　　　　　　　表1-17

步骤	操作方法及说明	质量标准及记录
恢复工位,填写工作任务单,完成任务交接	(1)安装副驾驶储物箱。 (2)清洁工位、收拾工具、填写任务单,完成任务交接	□确保储物箱卡扣安装到位,检查开启关闭是否正常顺畅。 □按7S管理进行

四 评价反馈(表1-18)

评价表　　　　　　　　　　　　　　　　　　　　　表1-18

评分项目	评分标准	分值	得分
学习目标	明确本任务的知识目标、技能目标、素养目标,理解任务在工作中的重要程度	5	
工作任务分析	能清晰描述完成本次工作任务内容	3	
	能清晰描述完成本次工作任务需必备的技能与知识点	2	
有效信息获取	能讲述空调蒸发器的作用	3	
	能区分空调蒸发器的类型	3	
	能分析讲述空调蒸发器引发空调异味的因素	4	
	能确认空调蒸发器的具体安装位置	5	
实施方案制订	能清晰地制订并填写本次新能源汽车空调蒸发器检查与清洗的准备作业计划	5	
	能组织或协同工作小组成员,明确本次任务所需仪器设备、工具、材料的准备与清点,并准备记录	3	
	能组织或协同工作小组成员交流,优化检查方案并记录	2	
任务实施	能按制定计划完成任务前工具准备、工位车辆安全防护、任务分工	3	
	正确拆卸副驾驶储物箱	3	
	正确拆卸空调滤清器盒盖板、空调滤芯	3	
	正确拆卸鼓风机	3	
	正确组装调试内窥镜	3	
	正确操作内窥镜检查空调蒸发器表面	3	
	正确连接空调系统清洁套装	3	
	往蒸发器表面喷入清洁泡沫进行清洁,利用内窥镜检查清洁状况	3	
	正确安装鼓风机	3	

续上表

评分项目	评分标准	分值	得分
任务实施	正确安装空调滤芯及盖板	3	
	切换内循环,开启空调 A/C 开关,将鼓风机风量调整至最大挡位,温度调整至最低挡位	3	
	持续运行至空调排水口无泡沫排出	3	
	关闭空调 A/C 开关,鼓风机保持风量最大挡位,将温度调整至最高挡位,利用热风将蒸发箱内部和通风管道里面的水汽烘干,直至空调出风口无异味状态	3	
	安装副驾驶储物箱,检查安装状况	3	
	恢复工位、7S 管理,完成工作任务交接	3	
任务评价	能通过本次任务实施,结合自己在实训过程中的表现,进行自我评价及自我反思并记录	5	
职业素养	规定时间内完成学习工作任务	3	
	自觉遵守实训室管理规定、劳动纪律	2	
	积极参与课堂活动、回答问题	3	
	按时出勤,不旷课早退,自律,执行力强	2	
思政要求	注重理论与实践相结合、责任与担当、细致严谨态度的传承	5	
总计		100	

改进建议：

教师签字：
日期：

习题

1. 单选题

（1）汽车空调滤清器的更换周期一般为（　　）。
   A. 3 个月/5000km　　　　　　B. 6 个月/10000km
   C. 12 个月/10000km　　　　　D. 12 个月/20000km

（2）不属于汽车空调滤清器可能安装位置的是（　　）。
   A. 前风窗玻璃外侧进风槽内　　B. 驾驶位仪表板下方
   C. 副驾驶位仪表板下方　　　　D. 进气格栅处

(3)普通型汽车空调滤清器不能去除的物质是（　　）。
　　A. 灰尘　　　　　　　　　　B. 颗粒物
　　C. 空气中的有害物质　　　　D. 以上都是
(4)用气枪清洁空调滤清器时，气枪与空调滤清器之间的最佳距离为（　　）。
　　A. 5cm　　　　B. 10cm　　　　C. 15cm　　　　D. 20cm
(5)下列不是汽车空调滤清器名称的是（　　）。
　　A. 花粉滤清器　　B. 空调滤芯　　C. 冷气格　　D. 空气格
(6)蒸发器通常安装在仪表板后的风箱内，下列选项中（　　）不是其结构形式。
　　A. 管片式　　　　B. 管带式　　　C. 层叠式　　　D. 平流式
(7)（　　）是空调系统进行热交换的主要部件。
　　A. 蒸发器　　　　B. 膨胀阀　　　C. 干燥瓶　　　D. 压缩机
(8)蒸发器中的制冷剂为（　　）。
　　A. 高压气态　　　B. 低压液态　　C. 高压液态　　D. 低压气态
(9)空调通风系统的通风形式有（　　）。
　　A. 自然通风　　　B. 强制通风　　C. 综合通风　　D. 以上都是
(10)（　　）模式是开启空调鼓风机，利用鼓风机工作形成的压力差将外部的空气吸入车内，强制进行通风的形式。
　　A. 自热通风　　　B. 强制通风　　C. 综合通风　　D. 以上都是

2. 判断题
(1)空调滤芯起到过滤作用，要定期清洁和更换。　　　　　　　　　　　　　（　　）
(2)定期检查空调滤清器，如果有发霉、异味严重、严重脏污等情况，应更换空调滤芯。　　　　　　　　　　　　　　　　　　　　　　　　　　　　　　　　　（　　）
(3)若已长时间未更换空调滤清器，可能会引起空调系统出风量减弱，异味等问题。　　　　　　　　　　　　　　　　　　　　　　　　　　　　　　　　（　　）
(4)使用压缩空气清洁空调滤清器时，应将压缩空气自下而上通过空调滤清器来进行清洁。　　　　　　　　　　　　　　　　　　　　　　　　　　　　　　（　　）
(5)蒸发器的作用是将经过节流升压后的制冷剂在蒸发器内沸腾汽化。（　　）
(6)蒸发箱内长期闷热潮湿环境加上聚焦在表面上细菌或霉菌，是空调异味的根本源头。　　　　　　　　　　　　　　　　　　　　　　　　　　　　　　　（　　）
(7)汽车空调蒸发器有管带式、管片式、层叠式，现常用的蒸发器类型为管带式层叠式蒸发器。　　　　　　　　　　　　　　　　　　　　　　　　　　　　（　　）
(8)空调通风系统的组成，主要是由鼓风机、空气混合风门、进气模式风门、各出风口及其对应的通风管道等组成。　　　　　　　　　　　　　　　　　　　（　　）
(9)综合通风形式指的是车辆在行驶过程中同时采用自然通风与强制通风模式。
　　　　　　　　　　　　　　　　　　　　　　　　　　　　　　　　　（　　）
(10)活性炭空调滤清器不仅能过滤车内空气中的灰尘以及花粉，还能过滤空调系

统中的异味。 （　　）
　　（11）安装汽车空调滤清器时，不需要区分安装方向。 （　　）
　　（12）活性炭系列汽车空调滤清器的过滤效果比普通型汽车空调滤清器效果好。
 （　　）
　　（13）汽车空调滤清器可以用气枪进行清洁，也可以用干净的水清洗。 （　　）

3. 实操练习题

　　完成本次学习任务后，充分利用不同实训车型，查阅对应车型维修手册，完成空调滤芯检查更换、蒸发器清洗实操练习。

学习任务二

新能源汽车空调不制冷故障检修

学习目标

1. 知识目标

(1) 能描述新能源汽车空调制冷系统的功用、组成及工作原理。

(2) 能说出制冷剂、冷冻润滑油的类型及使用要求。

(3) 能叙述制冷系统各部件的作用、安装位置及工作原理。

2. 技能目标

(1) 能阅读维修工单,对新能源汽车空调基本性能进行检测,确认空调不制冷的故障现象,分析故障原因,确定空调制冷系统检修项目内容和工期要求。

(2) 能按照标准流程完成制冷剂的回收与加注。

(3) 能识读新能源汽车压缩机相关电路图,规范地完成空调压缩机控制电路的检修。

(4) 能查阅维修手册,按照新能源汽车维修规范要求,完成空调压缩机的检查与更换。

(5) 能查阅维修手册,规范地完成新能源汽车制冷系统部件(冷凝器、蒸发器、膨胀阀、干燥器、蒸发器温度传感器和制冷剂压力传感器)的检查与更换。

3. 素养目标

(1) 在工作过程中,养成良好的工作习惯,展示中国工匠的可信、可爱、可敬的形象。

(2) 在工作过程中,培养严谨的工作作风,树立正确的质量强国意识。

参考学时

80 学时。

任务描述

一辆新能源汽车进厂维修,客户反映汽车空调不制冷。经班组长初步检查,诊断为空调制冷系统故障。需要对其进行检修。学生要在 3 学时内,依据空调制冷系统检修作业流程,排查空调制冷系统各组成部件工作情况,查找、确定故障点并进行修复,确保空调制冷系统恢复良好功能状态。

学生从教师处领取任务,通过阅读任务工单,明确任务要求,参照《汽车维护、检测、诊断技术规范》(GB/T 18344—2016)、《纯电动汽车维护、检测、诊断技术规范》(JT/T 1344—2020)及企业操作规程,明确制冷系统检修作业内容和作业流程,根据作业需要领取工具、材料、设备,以二人合作的方式,遵循企业维修工作规程,按照作业流程及规范在规定时间内完成新能源汽车空调制冷系统故障点的查找、确定和修复作业,检验合格后填写作业检查单,并交由教师进行验收。

学生在工作过程中应严格执行相关标准及企业操作规程,自觉遵守企业质量、安全、环保及7S管理等制度规定。

学习活动1 新能源汽车空调基本性能检测

 明确任务

比亚迪 e5 空调系统维护 01

比亚迪 e5 空调系统维护 02

根据任务描述,需要对新能源汽车空调性能进行检测,以确认空调不制冷故障现象。

二 工作准备与计划制订

(一)知识准备

1.新能源汽车空调制冷系统

1)新能源汽车空调制冷系统类型、组成

目前,新能源汽车空调制冷系统主要有使用 R134a 制冷剂的空调系统、使用 R744 制冷剂的热泵空调系统等类型。

(1)使用 R134a 制冷剂的空调制冷系统组成。

如图 2-1 所示为大众 ID4(R134a 制冷剂)空调制冷系统组成图,主要由_____、_____、干燥器滤芯、膨胀阀、带膨胀截止阀的蒸发器等部件组成,其中属于高压部件的是_____。

(2)使用 R744 制冷剂的热泵空调制冷系统组成。

如图 2-2 所示为大众 ID4(R744 制冷剂)热泵空调制冷系统组成图,主要由_____、AC 气体冷却器、热泵阀门单元总成、_____、加热气体冷却器、_____、高电压蓄电池热交换器等部件组成,其中属于高压部件的是_____、_____。

2)新能源汽车空调制冷系统工作原理

(1)使用 R134a 制冷剂的空调制冷系统工作原理。

如图 2-3 所示为使用 R134a 制冷剂的空调制冷系统工作示意图,空调压缩机将从

蒸发器抽吸_____的_____态制冷剂,并对其进行压缩,使其变为高温高压的_____态,从而可以使得制冷剂在制冷系统进行循环。

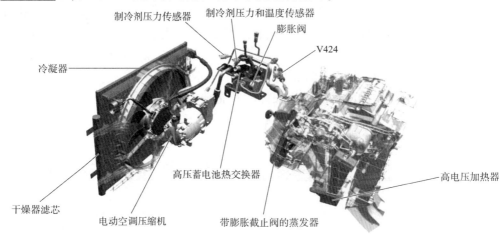

图 2-1 大众 ID4(R134a 制冷剂)空调制冷系统组成

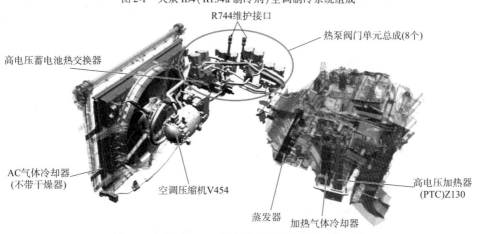

图 2-2 大众 ID4(R744 制冷剂)热泵空调制冷系统组成

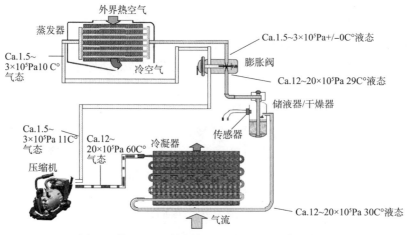

图 2-3 使用 R134a 制冷剂的空调制冷系统工作示意图

高温高压的_____态制冷剂进入冷凝器后,由车外流过的空气对其进行冷却。当达到对应压力下的露点时,制冷剂开始凝结并变成_____态。完全变成_____态的制冷剂从冷凝器进入干燥器内并聚集在此处。制冷剂流过干燥器时,会过滤掉可能存在的水分和混杂物。

制冷剂从干燥器流向膨胀阀。处于高压状态下的_____态制冷剂在此喷入蒸发器内,变为低温低压的_____态。此时,从经过蒸发器片的空气中吸收为此所需要的蒸发热量,从而使空气冷却下来。压缩机吸入已完全处于气态的制冷剂,并再次进行压缩,从而结束一个制冷剂循环。

(2)使用 R744 制冷剂的热泵空调制冷系统工作原理。

如图 2-4 所示为大众 ID4（R744 制冷剂）热泵空调制冷系统工作示意图,电动压缩机将从蒸发器中抽吸低温低压的_____态制冷剂,并对其进行压缩,变为_____的_____态,从而使得制冷剂可以在制冷系统中循环。

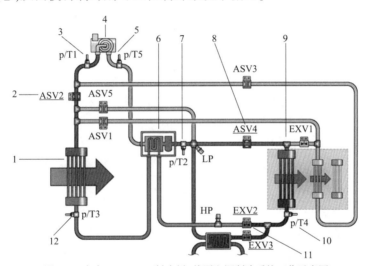

图 2-4　大众 ID4（R744 制冷剂）热泵空调制冷系统工作示意图

1-冷凝器;2-制冷剂断流阀;3-制冷剂温度和压力传感器;4-电动压缩机;5-制冷剂温度和压力传感器;6-储液罐;7-制冷剂温度和压力传感器;8-制冷剂断流阀;9-蒸发器;10-制冷剂温度和压力传感器;11-制冷剂膨胀阀;12-制冷剂温度和压力传感器

高温高压的_____态制冷剂进入冷凝器后,由车外流过的空气对其进行冷却。经过冷却后,制冷剂变为高温高压的_____态,经流入储液罐。

然后,制冷剂流向膨胀阀,喷向蒸发器,变为_____的液态制冷剂。此时,流入蒸发器的制冷剂将流经的空气热量吸收掉,使空气冷却下来。液态制冷剂由于吸收了热量,将变为_____态并流出蒸发器,并被电动压缩机吸入,从而完成一个制冷循环。

2. 新能源汽车空调制冷剂类型

制冷剂在制冷系统中循环流动,用于交换热量。目前,新能源汽车空调制冷剂主要有 R134a、R1234yf 和 R744 等类型,其中国内常用的制冷剂主要有_____和_____。

①R134a 制冷剂。

R134a 是一种安全性好、无色、无味、不燃烧、不爆炸、基本无毒性、化学性质稳定、无腐蚀性的物质。虽然 R134a 对大气臭氧层_____（有/没有）破坏作用，但它是_____（加剧/减轻）温室效应的气体，因此在对制冷系统部件维修前及制冷剂更换时要使用专用设备回收制冷剂。

②R744（CO_2）制冷剂。

2016 年 11 月蒙特利尔议定书第 28 次缔约方大会中，各缔约方一致通过《基加利修正案》。汽车空调制冷剂 R134a 被列入《基加利修正案》限控清单，各国逐步禁用 R134a 作为汽车空调制冷剂，主要替代制冷剂 R1234yf 或 CO_2，如图 2-5 所示为各国制冷剂禁用时间图。

图 2-5　各国制冷剂禁用时间图

R744 是一种环保的制冷剂，它不会对臭氧层造成破坏，其不易燃烧，不会产生有毒气体，是一种相对安全的制冷剂。同时，R744 在制冷过程中，具有较高的传热系数和传质系数，它的制冷效率比 R134a 要高。

3．新能源汽车空调性能检测项目

新能源汽车空调性能检测项目主要包括：_____、制冷剂成分鉴定、制冷系统压力测试、制冷剂泄露测试等。

1）制冷剂成分鉴定

制冷剂成分鉴定一般使用制冷剂纯度分析仪，如图 2-6 所示，其主要作用是检测制冷剂的_____、_____以及其他杂质，可鉴别 5 种物质成分，包括_____、R12、R22、_____和空气。

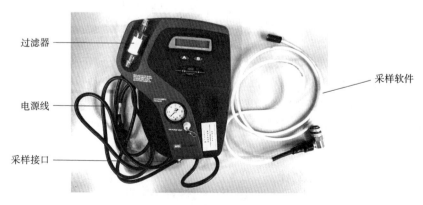

图 2-6　制冷剂纯度分析仪

2)制冷剂泄漏测试

如果新能源汽车空调制冷系统发生泄漏,泄漏出来的_____会破坏环境。当泄漏量达到一定程度,还会影响空调的_____。

检测新能源汽车空调制冷剂泄漏的方法有_____、真空检测法、检漏测试仪检漏法等。检漏测试仪一般为电子式卤素检漏测试仪,其结构如图2-7所示。

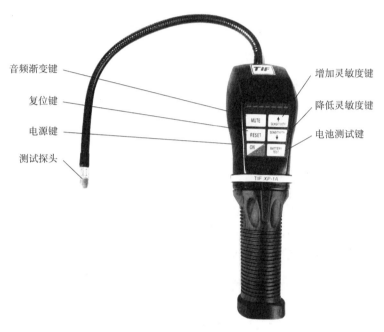

图2-7　电子式卤素检漏测试仪

(二)制订工作方案

1. 任务分工(表2-1)

学生任务分配表　　　　　　　　　　表2-1

班级		组号		指导老师	
组长		任务分工			
组员1		任务分工			
组员2		任务分工			
组员3		任务分工			
组员4		任务分工			
组员5		任务分工			
组员6		任务分工			

2. 工量具、仪器设备与耗材准备

(1)使用的工量具有:_____。

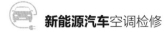

(2)使用的仪器设备有：_____。

3. 具体方案描述

_____
_____
_____
_____

三 计划实施

(一)技能要点

(1)新能源汽车空调操作面板的相关操作。
(2)新能源汽车空调温度测量位置的选择。
(3)新能源汽车空调制冷剂成分鉴定操作。
(4)新能源汽车空调检漏测试仪检漏操作。
(5)新能源汽车空调制冷系统压力测试操作。

(二)新能源汽车空调基本性能检测

1. 新能源汽车空调基本性能检测准备工作(表2-2)

新能源汽车空调基本性能检测准备工作操作方法及说明 表2-2

步骤	操作方法及说明	质量标准及记录
1.确认车辆无空调相关故障码	(1)将诊断仪与车辆OBD接口连接。 (2)诊断仪选择正确的车型。 (3)选择车辆测试功能,读取故障码,确定没有空调相关故障码	□正确连接诊断仪。 □正确读取车辆故障码
2.确定测试环境是否符合要求	(1)环境温度需要达到18℃或以上。 (2)车辆温度和修理厂的环境温度大体一致	□正确判断环境温度是否符合要求

2. 新能源汽车空调制冷功能检测(表2-3)

新能源汽车空调制冷功能检测方法及说明 表2-3

步骤	操作方法及说明	质量标准及记录
1.车辆空调设置	(1)关闭全部车窗、天窗和车门。 (2)打开车辆制冷功能,将温度调至最低,风速调至最大。 (3)选择中间出风模式	□正确设置车辆状态。 □正确设置空调状态

续上表

步骤	操作方法及说明	质量标准及记录
2.放置温度计	(1)查阅维修手册,在中央出风口放置温度计,测量车辆内部温度。 (2)查阅维修资料,车内温度应该能达到_____℃,出风口温度差不超过_____℃。 结论:_____	□正确判断空制冷功能是否正常

3.新能源汽车空调制冷剂成分鉴定(表2-4)

新能源汽车空调制冷剂成分鉴定方法及说明　　　表2-4

步骤	操作方法及说明	质量标准及记录
1.制冷剂纯度分析仪预热与设定	(1)将制冷剂纯度分析仪挂在前机舱盖上。 (2)打开制冷剂纯度分析仪电源,仪器预热。 (3)在预热过程中,同时按住A、B键直到屏幕显示"USEAGE ELEVATION,400Feet"(海拔400ft,约等于122m),然后按A或B键调节海拔高度。 (4)设定完成后,静置20s后,仪器自动切换到预热步骤	□正确预热制冷剂纯度分析仪。 □正确设置分析仪海拔高度
2.连接管路和按键操作	(1)将采样管的一端与制冷剂纯度分析仪采样接口连接,另一端与空调制冷系统管路低压阀加注口连接。 (2)管路连接完成后,按下A键,进行纯度分析,并记录。 结论:_____	□正确连接管路。 □正确分析结果

4. 新能源汽车空调检漏测试仪检漏(表2-5)

新能源汽车空调检漏测试仪检漏方法及说明　　　　表2-5

步骤	操作方法及说明	质量标准及记录
1.准备工作	(1)将空调制冷管路油污清洁干净。 (2)检查并确保电子式卤素检漏仪的探头和过滤器是干净的	□正确清洁空调制冷管路和电子式卤素检漏仪
2.检漏测试	(1)打开电子式卤素检漏仪,通过灵敏度设置键设置灵敏度。 (2)将电子式卤素检漏仪的探针放在被检查部件的下面,沿管路移动探针;检漏部位包括制冷剂管路各接头、高低压阀口、软管、压缩机等。在检查特殊位置时,探针静止停留5s以上。检漏测试,若检漏发出响声,则代表被测部位存在泄漏,声音的大小反映泄漏大小和强弱。 结论:＿＿＿＿＿＿＿＿＿	□正确设置电子式卤素检漏仪 □正确使用电子式卤素检漏仪对空调制冷系统进行检漏测试

5. 新能源汽车空调制冷系统压力测试(表2-6)

新能源汽车空调制冷系统压力测试方法及说明　　　　表2-6

步骤	操作方法及说明	质量标准及记录
1.准备工作	(1)将车辆停放在阴凉处。 (2)打开发动机舱盖,安装防护三件套	□正确完成车辆防护工作
2.连接歧管压力表,并进行压力测试	(1)将歧管压力表的红色软管连接到高压检修阀,将蓝色软管连接到低压检修阀,开启压力表的高、低压手动阀。 (2)打开A/C开关,进风方式选为外循环,温度设定为最低,风速设定为最大。 (3)记录歧管压力表上的压力值 高压压力:＿＿＿＿＿＿＿＿＿ 低压压力:＿＿＿＿＿＿＿＿＿ 结论:＿＿＿＿＿＿＿＿＿	□正确连接歧管压力表。 □正确操作空调操作面板,设置空调工作模式。 □正确分析压力值

四 评价反馈(表2-7)

评价表　　　　表2-7

评分项目	评分标准	分值	得分
学习目标	能明确本任务的知识目标、技能目标、素养目标,理解任务在工作中的重要程度	5	
工作任务分析	能清晰描述完成本次工作任务内容	2	
	能清晰描述完成本次工作任务需必备的技能与知识点	2	

续上表

评分项目	评分标准	分值	得分
有效信息获取	能正确叙述使用R134a制冷剂的空调制冷系统的组成、工作原理	5	
	能正确叙述使用R744制冷剂的热泵空调制冷系统的组成、工作原理	5	
	能正确叙述新能源汽车空调制冷剂的类型	2	
	能正确阐述新能源汽车空调性能检测项目	3	
实施方案制订	能清晰地制订并填写本次新能源汽车空调基本性能检测的准备作业计划	5	
	能组织或协同工作小组成员,明确本次任务所需仪器设备、工具、材料的准备与清点,并准备记录	5	
	能组织或协同工作小组成员交流,优化检查方案并记录	5	
任务实施	新能源汽车空调基本性能检测准备工作	5	
	新能源汽车空调制冷功能检测	10	
	新能源汽车空调制冷剂成分鉴定	10	
	新能源汽车空调检漏测试仪检漏	10	
	新能源汽车空调制冷系统压力测试	10	
任务评价	能通过本次任务实施,结合自己在实训过程中的表现,进行自我评价及自我反思并记录	3	
职业素养	按规定时间完成项目作业	2	
	遵守实训室管理规定、劳动纪律	2	
	积极参与课堂活动、回答问题	2	
	能够按时出勤	2	
思政要求	注重理论与实践相结合、责任与担当、细致严谨态度的传承	5	
总计		100	

改进建议:

教师签字:
日期:

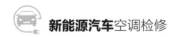

学习活动 2　新能源汽车空调制冷剂的回收与加注

一、明确任务

根据任务描述,需要对新能源汽车空调制冷剂进行回收,根据制冷剂回收量判断制冷系统是否存在泄漏,在确定制冷系统无泄漏或完成制冷系统相关部件更换工作后,完成制冷剂的加注,并确认车辆制冷功能是否正常。

二、工作准备与计划制订

电动空调不工作
故障诊断与排除 1

(一)知识准备

1. 空调制冷剂回收加注一体机的使用

1)空调制冷剂回收加注一体机结构

以百斯巴特 A/Ccellence 3000 空调制冷剂回收加注一体机为例,其具备回收、抽真空、加注、空调测试等功能,如图 2-8 所示。

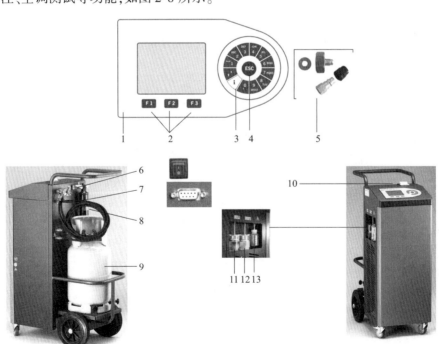

图 2-8　空调制冷剂回收加注一体机
1-控制面板;2-功能键;3-信息键;4-ESCAPE 键(返回主菜单);5-钢瓶和低压接头;6-开关;7-数据接口;8-制冷剂过滤器;9-钢瓶;10-打印机;11-装新冷冻机油的瓶;12-装荧光剂的瓶;13-装旧冷冻机油的瓶

2)空调制冷剂回收加注一体机的使用

(1)打开电源,制冷剂回收加注一体机进行初始化,此时显示屏将显示日期、软件版本、时间、钢瓶内制冷剂量等信息,如图2-9所示。按"F3"按钮,显示屏显示内容如图2-10所示,选择"清除空气"功能,目的在于对制冷剂回收加注一体机的回路进行检漏,按"F3"按钮执行该功能,否则按"F1"按钮。

27.02.07	A/Ccellence V6.0	09:51
低压		高压
2,15 bar		11,22 bar
2,0 ℃		47,0 ℃
供应(R134a):		15555 g
钢瓶压力:		5,73 bar
环温:		23,4 ℃
		OK

图2-9 初始化界面

27.02.07	A/Ccellence V6.0	09:52
	PURGE AIR	
	清除空气	
	您要运行清除空气吗?	
否		是

图2-10 清除空气界面

(2)清除空气完成后,进入主菜单,如图2-11所示。按"F1"选择下一个菜单项目,按"F2"选前一个菜单项目,按"F3"确认当前菜单项目。

主菜单有全程序、单个功能、特殊功能、设定、系统功能5个选项。全程序是指从空调回收并清洁制冷剂、分离回收的冷冻机油、空调系统抽真空、检漏测试、向空调加注冷冻机油、向空调加注制冷剂和测试空调工作压力7个步骤顺序执行。

单个功能是分别选择回收、抽真空、加注和空调系统测试4个功能。回收是指将制冷剂从空调系统中抽出,并将冷冻机油从中分离出来,然后进行再生处理;抽真空是指将非冷凝气体和水分从汽车空调系统中抽出,并检查空调系统是否泄漏;加注是指将制冷剂和冷冻油加注到空调系统中;空调系统测试是指检测空调系统工作压力。

特殊功能包括自回收、自抽、清除空气和加注钢瓶4个功能,如图2-12所示。自回收是指将残余在回收加注一体机中的制冷剂抽回到钢瓶内;自抽是指将非凝气体和水分从回收加注一体机中抽出,并检查回收加注一体机回路是否泄漏;清除空气是指将非凝气体从钢瓶中排除;加注钢瓶是指从外部钢瓶抽出制冷剂,加注到回收加注一体机钢瓶中。

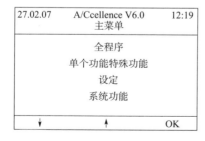

图2-11 主菜单

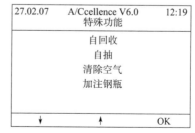

图2-12 特殊功能

设定菜单包括语言、公司名称、压力单位等设置,如图2-13所示。系统功能包括校准压力传感器、校准冷媒称等功能,如图2-14所示。

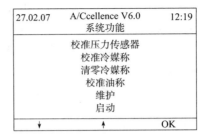

图2-13 设定　　　　　　　　图2-14 系统功能

2. 空调冷冻机油的类型

空调系统冷冻机油具有_____、_____、_____和减低压缩机噪声等作用。冷冻机油一般有_____、_____等类型,新能源汽车空调一般都使用绝缘型_____冷冻机油。

(二)制订工作方案

1. 任务分工(表2-8)

学生任务分配表　　　　　　　　　　　表2-8

班级		组号		指导老师	
组长		任务分工			
组员1		任务分工			
组员2		任务分工			
组员3		任务分工			
组员4		任务分工			
组员5		任务分工			
组员6		任务分工			

2. 仪器设备与耗材准备

(1)使用的仪器设备有:_____。

(2)使用的耗材有:_____。

3. 具体方案描述

_____

_____

_____

_____

_____

三、计划实施

(一)安全注意事项及技能要点

1. 安全注意事项

(1)制冷剂蒸气可能导致刺激性咳嗽和恶心甚至窒息和中毒,因此,需要注意:
①不要吸入制冷剂蒸气;
②需要保证工作场所通风良好。
(2)制冷剂可能导致人员冻伤,因此,需要注意:
①佩戴防护手套;
②佩戴防护眼镜。
(3)空调器和制冷剂容器附近的火源可能导致生命危险和爆炸危险,因此,需要注意:
①工作场所不允许有火源,如焊接等;
②操作前,进行静电放电,避免因工具敲击导致的火星以及避免高温表面。

2. 技能要点

(1)制冷剂和冷冻机油的选用。
(2)制冷剂和冷冻机油加注量的确定。
(3)汽车空调制冷剂加注机的使用。
(4)新能源汽车空调制冷系统压力检漏。

(二)制冷剂的回收与加注

1. 制冷剂的回收(表2-9)

制冷剂的回收操作方法及说明　　　　表2-9

步骤	操作方法及说明	质量标准及记录
1. 制冷剂回收准备工作	(1)检查空调维修工位。 (2)打开点火开关,打开空调制冷功能,使其运行几分钟。 (3)连接诊断仪,打开膨胀截止阀。 (4)关闭点火开关。 (5)佩戴防护眼镜和防护手套	□工位通风、无火花存在。 □正确打开空调制冷功能,使其运行。 □正确打开膨胀截止阀。 □正确佩戴防护眼镜和防护手套
2. 将制冷剂加注机与车辆连接	(1)移除空调制冷剂加注口的密封盖。 (2)将制冷剂加注机的高压管路与车辆的高压接头连接。 (3)将制冷剂加注机的低压管路与车辆的低压接头连接	□正确连接控制制冷剂加注机

续上表

步骤	操作方法及说明	质量标准及记录
2.将制冷剂加注机与车辆连接		
3.回收制冷剂	(1)打开空调制冷剂加注机电源,选择制冷剂回收功能。 (2)制冷剂回收结束后,记录制冷剂回收量和冷冻机油回收量。 　制冷剂回收量:_____ 　冷冻机油回收量:_____ (3)根据制冷剂回收量,判断制冷剂损耗是否正常,判断制冷系统是否存在泄漏。 　结论:_____。 (4)关闭加注机电源,断开加注机的高低压管路,安装加注口密封盖	□正确操作制冷剂加注机,回收制冷剂。 □正确记录制冷剂和冷冻机油回收量。 □正确判断制冷剂损耗是否正常

2. 空调制冷系统抽真空(表2-10)

制冷系统抽真空的操作方法及说明　　　　　　　　　　表2-10

步骤	操作方法及说明	质量标准及记录
1.抽真空准备工作	(1)检查空调维修工位。 (2)连接诊断仪,打开膨胀截止阀	□工位通风、无火花存在。 □正确打开膨胀截止阀
2.将制冷剂加注机与车辆连接	(1)移除空调制冷剂加注口的密封盖。 (2)将制冷剂加注机的高压管路与车辆的高压接头连接。 (3)将制冷剂加注机的低压管路与车辆的低压接头连接	□正确连接控制制冷剂加注机
3.空调制冷系统抽真空	(1)打开空调制冷剂加注机电源,选择抽真空功能。 (2)查阅维修手册,确定实训车辆抽真空时间为_____。 (3)正确设置抽真空时间,起动加注机。 (4)抽真空结束后,观察压力表是否稳定,能否保持真空状态。如不能保持真空状态,则说明制冷系统存在泄漏。 　结论:_____。 (5)关闭加注机电源,断开加注机的高低压管路,安装加注口密封盖	□查阅维修手册,正确设定抽真空时间。 □正确判断制冷系统是否存在泄漏

3. 空调制冷系统压力检漏(表2-11)

空调制冷系统压力检漏的操作方法及说明　　　　　　　　　　　表2-11

步骤	操作方法及说明	质量标准及记录
1. 准备工作	(1)检查空调维修工位。 (2)连接诊断仪,打开膨胀截止阀	□工位通风、无火花存在。 □正确打开膨胀截止阀
2. 压力检漏	(1)将氮气瓶连接到空调制冷系统管路的高压加注口。 (2)打开氮气瓶阀门,加注至规定压力_____。 (3)将泡沫清洁剂喷到制冷管路和接口处,观察是否有气泡产生,如有则说明存在泄漏;或进一步等待1h,观察压力是否下降1Bar以上,如有则说明存在泄露。 (4)泄压,断开氮气瓶连接	□正确判断新能源汽车空调制冷系统是否存在泄漏

4. 制冷剂的加注(表2-12)

制冷剂的加注操作方法及说明　　　　　　　　　　　表2-12

步骤	操作方法及说明	质量标准及记录
1. 制冷剂加注准备工作	(1)检查空调维修工位。 (2)连接诊断仪,打开膨胀截止阀。 (3)佩戴防护眼镜和防护手套。 (4)查阅维修资料,确定制冷剂和冷冻机油加注量。 制冷剂加注量:_____ 冷冻机油加注量:_____	□工位通风、无火花存在。 □正确打开膨胀截止阀。 □正确佩戴防护眼镜和防护手套。 □正确确定制冷剂和冷冻机油的加注量
2. 将制冷剂加注机与车辆连接	(1)移除空调制冷剂加注口的密封盖。 (2)将制冷剂加注机的高压管路与车辆的高压接头连接。 (3)将制冷剂加注机的低压管路与车辆的低压接头连接	□正确连接控制制冷剂加注机
3. 加注制冷剂	(1)打开空调制冷剂加注机电源,选择制冷剂加注功能,正确设定制冷剂和冷冻机油加注量,并起动加注过程。 (2)断开加注机的高低压管路,安装加注口密封盖。 (3)排空加注机高低压管路,关闭加注机电源	□正确操作制冷剂加注机,加注制冷剂

四、评价反馈(表2-13)

评价表　　　　　　　　　　　　　　　　　　　　　　　　　表2-13

评分项目	评分标准	分值	得分
学习目标	能明确本任务的知识目标、技能目标、素养目标,理解任务在工作中的重要程度	5	
工作任务分析	能清晰描述完成本次工作任务内容	2	
	能清晰描述完成本次工作任务需必备的技能与知识点	2	
有效信息获取	能正确叙述制冷剂回收加注一体机的结构和功能	5	
	能正确叙述冷冻机油的作用与类型	5	
实施方案制订	能清晰地制订并填写本次新能源汽车空调制冷剂的回收与加注的准备作业计划	5	
	能组织或协同工作小组成员,明确本次任务所需仪器设备、工具、材料的准备与清点,并准备记录	5	
	能组织或协同工作小组成员交流,优化检查方案并记录	5	
任务实施	能正确地、规范地回收制冷剂	10	
	能正确地、规范地完成制冷系统抽真空工作	10	
	能正确使用压力检漏法查找制冷系统泄漏点	10	
	能正确地、规范地加注制冷剂	20	
任务评价	能通过本次任务实施,结合自己在实训过程中的表现,进行自我评价及自我反思并记录	3	
职业素养	按规定时间完成项目作业	2	
	遵守实训室管理规定、劳动纪律	2	
	积极参与课堂活动、回答问题	2	
	能够按时出勤	2	
思政要求	注重理论与实践相结合、责任与担当、细致严谨态度的传承	5	
总计		100	

改进建议:

教师签字:
日期:

学习活动 3　新能源汽车空调压缩机控制电路的检修

一、明确任务

根据任务描述,需要对新能源汽车空调压缩机控制电路进行检修,以确认空调不制冷故障现象。

二、工作准备与计划制订

电动空调不工作
故障诊断与排除 2

(一) 知识准备

1. 空调系统制冷控制逻辑

新能源汽车空调压缩机主要为_____压缩机,制冷剂为_____,冷冻油型号为_____。帝豪 EV450 车辆空调制冷控制策略为控制面板开关+自动空调控制面板方案,空调面板开关主要负责_____,然后将信息通过_____发给自动空调控制面板,由自动空调控制面板负责控制各个部件工作,空调系统控制电路如图 2-15 所示。

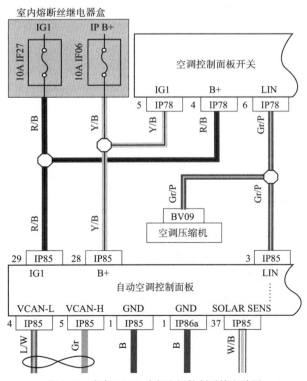

图 2-15　帝豪 EV450 车辆空调控制系统电路图

1)新能源汽车空调压缩机供电策略

新能源汽车空调压缩机依靠高压电驱动(图2-16),高压电从动力蓄电池输出,通过插头_____输入到_____进行电压分配,再通过插头_____给高压压缩机供高压电。

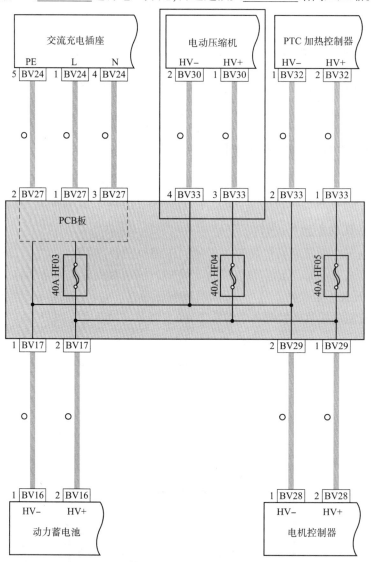

图2-16 帝豪EV450车辆电动空调压缩机高压电路

2)新能源汽车空调压缩机控制策略

帝豪EV450车辆全自动空调制冷系统由_____传感器、_____传感器、_____传感器、_____传感器、_____传感器、电动压缩机、冷凝器风扇、自动空调控制面板等部件组成,如图2-17所示。

自动空调控制原理是根据各个传感器检测到的_____、_____以及其他有关的开关信号等输出控制信号,控制_____、冷凝器风扇、_____、_____的工作状态。实现自动控制车内的温度。

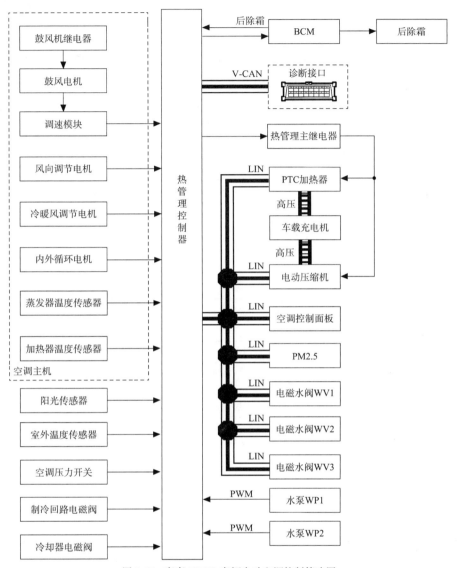

图 2-17 帝豪 EV450 车辆自动空调控制策略图

3)新能源汽车空调压缩机开启策略

即使在空调系统运行时,压缩机并不是任何情况都能顺利开启,它将收到_____、_____和系统压力三个传感器信号控制,当这几个参数超出保护区间时,空调压缩机也不工作,具体策略见表 2-14。

帝豪 EV450 车辆空调压缩机开启策略　　　　表 2-14

蒸发器温度保护区间	大于等于 4℃	允许开启压缩机
	小于等于 0℃	禁止开启压缩机
环境温度保护区间	大于等于 -1℃	允许开始压缩机
	小于等于 -3℃	禁止开启压缩机

2. 新能源汽车空调制冷电路

1) 空调控制模块端子及作用

吉利 450 EV 车辆空调控制系统主要有空调面板开关和自动空调控制面板模块两个部分组成，共有_____空调面板开关连接器、_____自动空调控制面板线束连接器 A、_____自动空调控制面板线束连接器 B 三个线束连接器，连接器端视图，如图 2-18 所示。

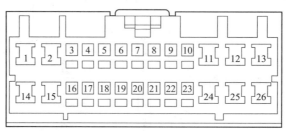

a) IP78 空调面板开关连接器

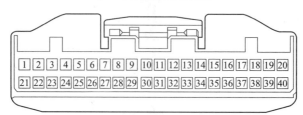

b) IP85 自动空调控制面板线束连接器 A

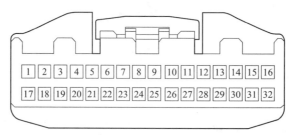

c) IP86a 自动空调控制面板线束连接器 B

图 2-18 帝豪 EV450 车辆连接器端子图

帝豪 EV450 车辆空调控制系统连接段子定义见表 2-15。

空调控制模块线束连接器端子定义　　　　表 2-15

IP78 空调面板开关连接器		IP85 自动空调控制面板线束连接器 A		IP86a 自动空调控制面板线束连接器 B	
端子号	端子定义	端子号	端子定义	端子号	端子定义
1	驾驶人座椅加热开关信号	1	电源地	1	电源地
2	驾驶人座椅加热反馈信号	2	传感器地	6	冷却水泵控制
4	蓄电池常电	3	LIN 通讯	8	加热水泵控制
5	点火线	4	VCAN-L	18	制冷管路电磁阀地

续上表

IP78 空调面板开关连接器		IP85 自动空调控制面板线束连接器 A		IP86a 自动空调控制面板线束连接器 B	
端子号	端子定义	端子号	端子定义	端子号	端子定义
6	LIN 通讯	5	VCAN-H	21	负离子发生器高边驱动
13	背光亮度调节开关	6	空气质量控制信号	22	空气质量控制 +
14	前乘员座椅加热开关信号	9	内循环	23	三态开关高、低压检测
15	前乘员座椅加热反馈信号	10	外循环	25	主继电器低边控制
17	搭铁	11	主驾制热	26	鼓风机继电器控制
		12	主驾制冷		
		13	模式吹脸		
		14	模式除霜		
		21	5V 电源 +		
		22	鼓风机电源		
		23	鼓风机反馈		
		24	鼓风机控制		
		25	热交换器电磁阀地		
		26	温度反馈		
		27	内外循环反馈		
		28	蓄电池常电		
		29	点火线		
		32	模式电机反馈		
		33	三态开关中压检测		
		34	室外温度传感器		
		35	乘法器温度传感器		
		36	冷却液温度传感器		
		37	阳光传感器		

2）电源和通讯电路

（1）电源电路

如图2-19所示，帝豪EV450车辆自动空调控制面板其电源分_____路，一路由_____供电，经过_____熔断丝连接到IP79的_____针脚；另一路由B+，即_____直接供电，经过_____熔断丝，连接到IP79的_____针脚。

（2）接地电路

帝豪EV450车辆自动空调控制面板有两条接地线，一条为_____插接器的

_____针脚,连接到_____接地点,该接地点位于左前车门、左侧 A 柱下方。另一条为_____插接器的_____针脚,连接到_____接地点,该接地点也位于左前车门、左侧 A 柱下方。

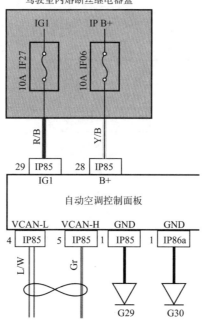

图 2-19　帝豪 EV450 车辆自动空调控制面板电源和通信线路

(3) 通讯电路

帝豪 EV450 车辆自动空调控制面板通信方式为_____通信,_____插接器的_____针脚和_____针脚为 CAN 线,连接到车辆的 V-CAN 网络中。

3) 空调压缩机电路

帝豪 EV450 车辆空调压缩机电路主要分两部分,一部分为高压供电电路(图 2-16),由动力蓄电池将高压电传送到_____,后由_____分配至_____,其中车载充电机_____插接器的_____针脚至空调压缩机_____插接器的_____针脚为高压直流(HV+),空调压缩机_____插接器_____针脚至车载充电机_____插接器_____针脚为高压直流(HV-);另一部分为低压控制电路。

(1) 电源

如图 2-20 所示,帝豪 EV450 车辆空调压缩机控制部分所使用的电源为_____,由 B+供电,经由_____熔断丝连接到空调压缩机_____插接器_____针脚。

(2) 高压互锁

如图 2-21 所示,帝豪 EV450 车辆空调压缩机高压互锁回路为 VCU→_____→_____→_____→PTC 加热器→VCU。

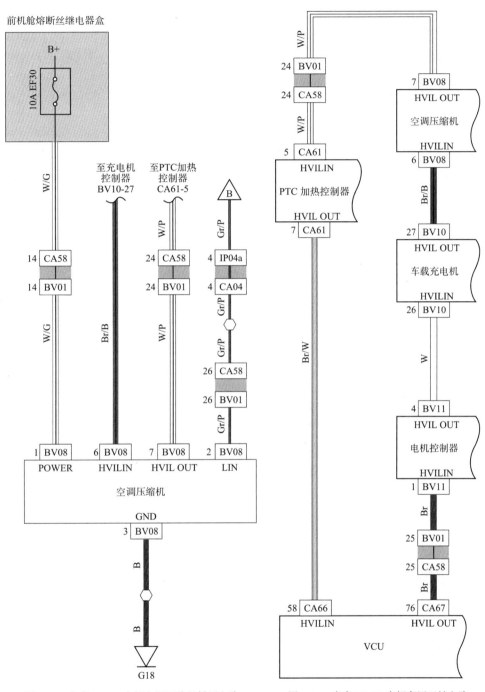

图 2-20 帝豪 EV450 车辆空调压缩机低压电路　　图 2-21 帝豪 EV450 车辆高压互锁电路

帝豪 EV450 车辆空调压缩机部分的互锁电路由车载充电机_____插接器_____针脚连接到_____插接器_____针脚进入空调压缩机,由_____插接器_____针脚出,去往 PTC 电加热器_____插接器_____针脚。

(3) 通信信号

帝豪 EV450 车辆空调压缩机的信号线为_____,由压缩机的_____插接器_____针脚连接到自动空调控制面板的_____插接器_____针脚。

(二) 制订工作方案

1. 任务分工(表 2-16)

学生任务分配表　　　　　　　　　表 2-16

班级		组号		指导老师	
组长		任务分工			
组员 1		任务分工			
组员 2		任务分工			
组员 3		任务分工			
组员 4		任务分工			
组员 5		任务分工			
组员 6		任务分工			

2. 工量具、仪器设备与耗材准备

(1) 使用的工量具有：_____。

(2) 使用的仪器设备有：_____。

3. 具体方案描述

_____

_____

_____

_____

三 计划实施

(一) 技能要点

(1) 新能源汽车空调压缩机低压控制线路检测相关操作。
(2) 新能源汽车空调压缩机高压互锁线路检测相关操作。
(3) 新能源汽车空调压缩机高压供电线路检测相关操作。

(二)新能源汽车空调压缩机控制线路检测

1. 新能源汽车空调控制检测准备工作(表2-17)

新能源汽车空调压缩机控制线路检测准备工作操作方法及说明　　　表2-17

步骤	操作方法及说明	质量标准及记录
1.工位检查	检查车辆周边的情况有无遮挡物。	□正确设置车辆状态
2.工作前准备	安装车轮挡块、内外三件套	□正确设置车辆安全防护装置

续上表

步骤	操作方法及说明	质量标准及记录
3. 确认车辆无空调相关故障码	(1)将诊断仪与车辆 OBD 接口连接。 (2)诊断仪选择正确的车型。 (3)选择车辆测试功能,读取故障码,确定没有空调相关故障码	□正确连接诊断仪。 □正确读取车辆故障码

2. 检修电动压缩机低压线路(表 2-18)

帝豪 EV450 车辆空调压缩机电压控制线路检测操作方法及说明　　表 2-18

步骤	操作方法及说明	质量标准及记录
1. 测量空调压缩机控制器低压电源	(1)关闭点火开关,断开低压蓄电池负极,测量熔断丝_____的通断,若熔断丝熔断则需更换。 (2)断开空调压缩机 BV08 低压插头,接通低压蓄电池负极,并打开点火开关,测量 BV08 插接件_____至 BV08 插接件_____针脚电压,正常电压值应为 11~14V,如果为 0V,关闭点火开关,断开低压蓄电池负极,测量 BV08 插接件 1 号针脚对 EF30 保险的通断,若断开维修或更换线束。 BV08 空调压缩机低压线束插接件	□正确判断保险丝导通情况。 □正确选用熔断丝。 □正确判断空调压缩机模块供电端正常电压
2. 测量空调压缩机控制器接地电阻	关闭点火开关,断开低压蓄电池负极,测量 BV08 插接件 3 号针脚对地的电阻值,应为_____Ω,若不为 0Ω,维修或更换线束	□正确测量接地电阻
3. 测量空调压缩机控制器 LIN 线	(1)通电情况下测量 BV08 插接件_____针脚低压蓄电池负极电压_____V,应为 9.3V 左右。 (2)用示波器测试 A/C 空调开启时 LIN 线波形,电压在_____V,平均 10.8V。	□正确测量 LIN 线电压。 □正确测量 LIN 线波形

3. 检修空调压缩机高压互锁（表2-19）

帝豪 EV450 车辆空调压缩机高压互锁线路检测操作方法及说明　　　表2-19

步骤	操作方法及说明	质量标准及记录
测量电动压缩机高压互锁线路	关闭点火开关，断开低压蓄电池负极，测量 PTC 加热控制器上 CA61 插接件_____针脚与车载充电机上 BV10 插接件_____针脚之间的阻值，应为_____Ω。 CA61 PTC 加热器低压线束插接件 BV10 车载充电器低压线束插接件	□正确测量电动压缩机高压互锁线路

4. 车辆空调压缩机高压供电线路检测（表2-20）

帝豪 EV450 车辆空调压缩机高压供电线路检测操作方法及说明　　　表2-20

步骤	操作方法及说明	质量标准及记录
1. 读取数据流	打开点火开关，启动 A/C 空调，读取电动压缩机的输入电压和工作电流，输入电压为_____V，应为 1~12.5V，工作电流为_____A，应为 5A 左右	□正确读取电动压缩机数据流
2. 高压下电	关闭点火开关，断开低压蓄电池_____，断开_____分线盒高压插接件_____和电动压缩机高压插接件_____插头。	□正确高压下电
3. 测量高压线路	（1）测量电动压缩机高压负极线束 BV17 插接件_____针脚对 BV30 高压插接件_____针脚电阻为_____Ω，应为0Ω，否则高压负极断路。	

续上表

步骤	操作方法及说明	质量标准及记录
3. 测量高压线路	BV17 车载充电机分线盒高压插接件 BV30 电动压缩机高压插接件 （2）测量高压正极线束 BV17 插接件 2 号针脚对 BV30 插接件_____针脚电阻为_____Ω，应为 0Ω，否则断路，可能为车载充电器内部_____高压熔断丝损坏，需更换电分线盒。 （3）若电动压缩机低压电源线路、低压信号新路、互锁线路和高压线路均无故障，则需要更换压缩机	

四、评价反馈（表 2-21）

评价表　　　　　　　　　　　　　　　　　　　　　　　表 2-21

评分项目	评分标准	分值	得分
学习目标	能明确本任务的知识目标、技能目标、素养目标，理解任务在工作中的重要程度	5	
工作任务分析	能清晰描述完成本次工作任务内容	2	
	能清晰描述完成本次工作任务需必备的技能与知识点	2	
有效信息获取	能正确叙述空调压缩机高压供电和控制策略	5	
	能正确叙述空调压缩机电路解析	5	
实施方案制订	能清晰地制订并填写本次新能源汽车空调压缩机控制电路检修计划	5	
	能组织或协同工作小组成员，明确本次任务所需仪器设备、工具、材料的准备与清点，并准备记录	5	
	能组织或协同工作小组成员交流，优化检查方案并记录	5	
任务实施	新能源汽车空调压缩机线路检修前准备工作	10	
	新能源汽车空调压缩机低压线路的检修	20	
	新能源汽车空调压缩机高压线路的检修	20	
任务评价	能通过本次任务实施，结合自己在实训过程中的表现，进行自我评价及自我反思并记录	3	

续上表

评分项目	评分标准	分值	得分
职业素养	按规定时间完成项目作业	2	
	遵守实训室管理规定、劳动纪律	2	
	积极参与课堂活动、回答问题	2	
	能够按时出勤	2	
思政要求	注重理论与实践相结合、责任与担当、细致严谨态度的传承	5	
总计		100	

改进建议：

教师签字：
日期：

学习活动4　新能源汽车空调压缩机的检查与更换

 明确任务

根据任务描述,确定压缩机故障,需要对新能源汽车空调压缩机进行检查及更换。

二、工作准备与计划制订

（一）知识准备

1. 新能源汽车空调压缩机的作用

如图2-22所示为新能源汽车空调压缩机,其在空调系统回路中起压缩驱动_____的作用,它是空调系统中的"心脏"。如图2-23所示,其主要作用是将_____的制冷剂吸入,经过压缩后送到_____冷却凝结,通过散热片散发出热量到空气中,制冷剂也从气态变成液态,压力升高。制冷剂通过膨胀阀喷射到_____中,压力骤降,_____态制冷剂立即变成_____态,通过散热片吸收空气中大量的热量。这样,空调压缩机不断工作,就不断地把低压区一端的热量吸收到制冷剂中再送到高压区散发到空气中,起到调节气温的作用。空调制冷系统工作原理,如图2-23所示。

2. 新能源汽车空调压缩机结构及特点

新能源汽车对制冷系统的要求和传统燃油汽车相同,不同的是两者空调压缩机

_____不同。纯电动汽车没有_____、插电式混合动力电动汽车_____不是实时工作的,传统燃油汽车上的 V 带驱动形式的空调压缩机无法应用到新能源汽车上,所以新能源汽车普遍采用_____实现制冷功能。

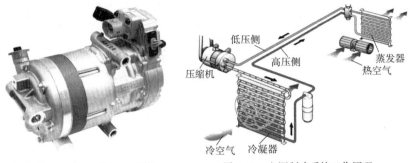

图 2-22　新能源汽车空调压缩机　　　图 2-23　空调制冷系统工作原理

新能源汽车电动压缩机通常采用_____压缩机。主要因为涡旋式压缩机无余隙容积,能保持高容积效率运行;力矩变化小,平衡性高,振动小,运转平稳,从而操作简便,易于实现自动化;运动部件少、没有往复运动机构,结构简单、体积小、质量轻、零件少、可靠性高,寿命在 20 年以上。

电动空调压缩机使用小型_____驱动压缩机,压缩机类型为_____,压缩机与压缩机控制器(逆变器)集成一体,通过电机自身的旋转带动涡旋盘压缩,完成制冷剂的吸入和排出,为制冷循环提供动力。

涡旋式压缩机结构如图 2-24 所示,主要由_____、_____和_____组成。

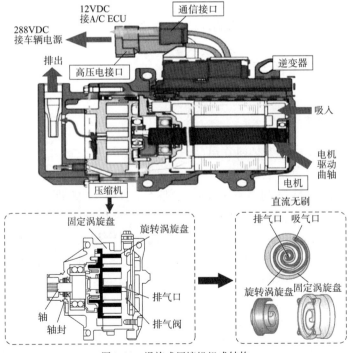

图 2-24　涡旋式压缩机组成结构

3. 新能源汽车空调压缩机工作原理

涡旋式压缩机工作原理如图 2-25 所示。涡旋式压缩机主有_____、_____、_____三个过程。旋转涡旋盘由_____通过曲轴驱动并进行偏心旋转。低温低压_____制冷剂通过_____上的吸气口吸入,然后经过两个涡旋盘的移动使制冷剂压缩。吸入的制冷剂被压缩后,压力和温度_____,并通过_____中部的_____以气态形式释放。_____气态制冷剂从此处经油气分离器从空调压缩机接口流向_____方向。电动空调压缩机最高转速为 8600r/min,可产生约 3MPa 的最大工作压力。

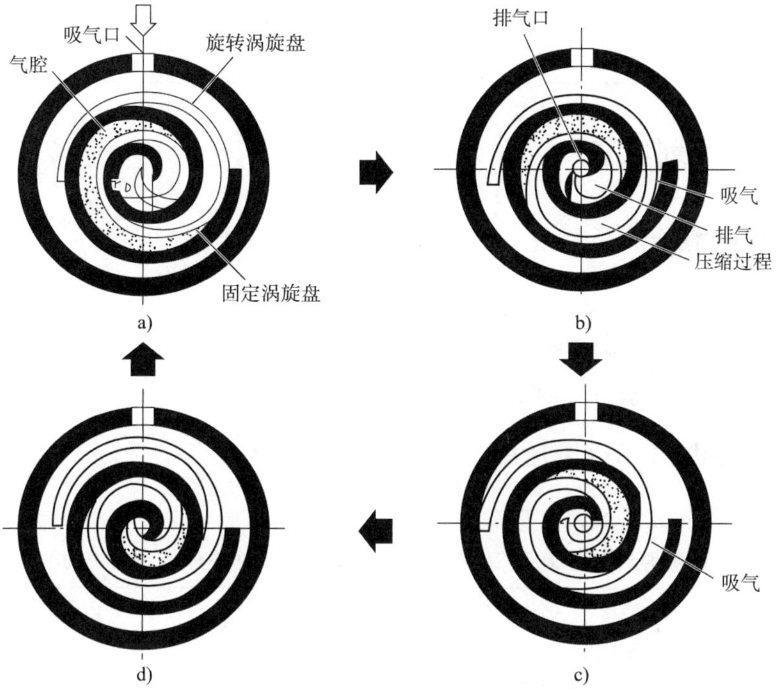

图 2-25 涡旋式压缩机工作原理

(二)制订工作方案

1. 任务分工(表 2-22)

学生任务分配表　　　　表 2-22

班级		组号		指导老师	
组长		任务分工			
组员 1		任务分工			
组员 2		任务分工			
组员 3		任务分工			
组员 4		任务分工			
组员 5		任务分工			
组员 6		任务分工			

2. 工量具、仪器设备与耗材准备

(1) 使用的工量具有：_____。

(2) 使用的仪器设备有：_____。

3. 具体方案描述

_____
_____
_____
_____
_____

三、计划实施

(一) 技能要点

(1) 新能源汽车空调压缩机检查相关操作。

(2) 新能源汽车空调压缩机拆卸相关操作。

(3) 新能源汽车空调压缩机安装相关操作。

(二) 新能源汽车空调压缩机拆装

1. 新能源汽车空调控制检测准备工作(表2-23)

新能源汽车空调压缩机控制线路检测准备工作操作方法及说明　　表2-23

步骤	操作方法及说明	质量标准及记录
1. 工位检查	检查车辆周边的情况有无遮挡物	□正确设置车辆状态
2. 工作前准备	安装车轮挡块、内外三件套	□正确设置车辆安全防护装置

续上表

步骤	操作方法及说明	质量标准及记录
2. 工作前准备	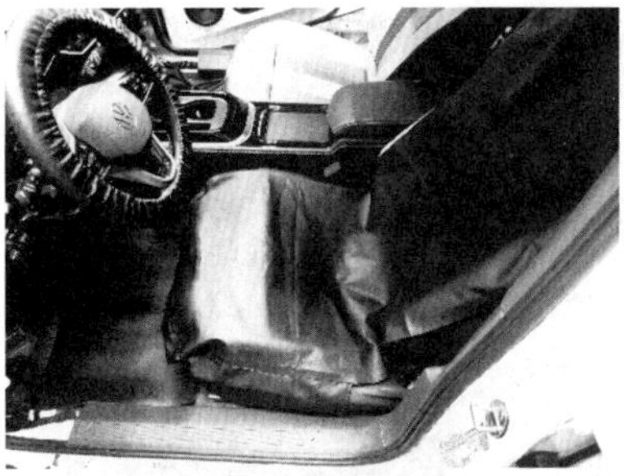 	
3. 确认车辆无空调相关故障码	(1)将诊断仪与车辆OBD接口连接。 (2)诊断仪选择正确的车型。 (3)选择车辆测试功能,读取故障码,确定没有空调相关故障码	□正确连接诊断仪。 □正确读取车辆故障码

2. 新能源汽车空调压缩机的检查(表2-24)

帝豪EV450车辆空调压缩机的检查　　　　表2-24

步骤	操作方法及说明	质量标准及记录
1. 外观检查	(1)检查压缩机外壳是否有裂纹、变形或凹陷,以及是否有漏油。  (2)检查_____、_____插接件是否松动或破损,中性线连接是否可靠。	□正确检查电动压缩机外观

续上表

步骤	操作方法及说明	质量标准及记录
1. 外观检查	(3)检查压缩机_____管路进出接口是否松动,连接是否牢固	
2. 紧固件检查	(1)检查压缩机与底座的_____颗固定螺栓是否松动或脱落。 (2)检查压缩机内部各部件的紧固螺栓是否松动或脱落	□正确检查电动压缩机固定螺栓。 □正确检查电动压缩机内部紧固螺栓
3. 检查运行状态	打开空调系统,检查压缩机的运行状态,_____是否平稳、有无异常声响;运转过程中是否出现明显的_____和_____	□正确检查电动压缩运行状态(异响)
4. 制冷剂压力检查	检查制冷剂的_____是否正常,如果制冷剂压力_____或_____,检查压缩机及其管路是否有泄漏或堵塞情况	□正确检查电动压缩压力

3. 拆卸电动空调压缩机(表2-25)

帝豪EV450车辆电动空调压缩机的拆卸操作方法及说明　　　表2-25

步骤	操作方法及说明	质量标准及记录
拆卸电动空调压缩机	(1)制冷剂回收,打开空调制冷剂加注机电源,选择制冷剂回收功能;制冷剂回收结束后,记录制冷剂回收量和冷冻机油回收量。 制冷剂回收量:_____ 冷冻机油回收量:_____ (2)关闭点火开关,断开低压蓄电池_____,并做好绝缘保护措施。 (3)佩戴_____和_____,断开高压配电系统直流母线插接件,等待5min,测量高压直流母线电压,电压为_____V,并做好绝缘保护措施,如果不为0V,用放电工装进行放电。 (4)拆卸电动压缩机高、低压线束插接件,注意先拆①_____,再拆②_____ (5)拆卸制冷空调管(压缩机侧)固定螺栓,脱开空调管路。	□正确回收空调制冷剂。 □正确高压下电。 □正确拆卸电动压缩机

续上表

步骤	操作方法及说明	质量标准及记录
拆卸电动空调压缩机	(6)拆卸电动压缩机侧_____固定螺栓,取下电动压缩机,注意固定螺栓先用_____预松,再用_____进行拆卸 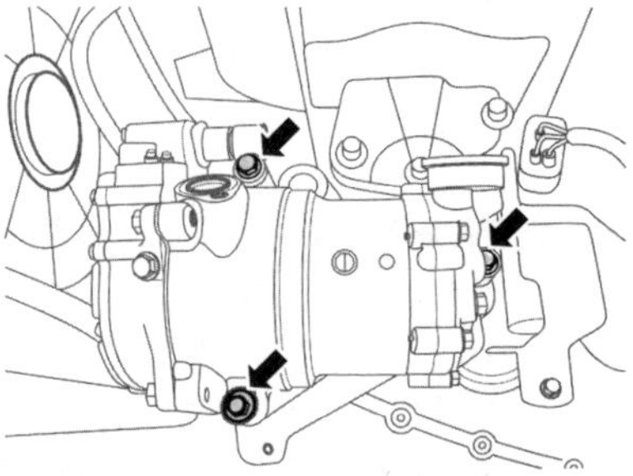	

4. 安装电动空调压缩机(表2-26)

帝豪EV450车辆电动空调压缩机的安装操作方法及说明　　　表2-26

步骤	操作方法及说明	质量标准及记录
安装电动空调压缩机	(1)放置电动压缩机,紧固电动压缩机侧固定螺栓。(力矩:23N·m) 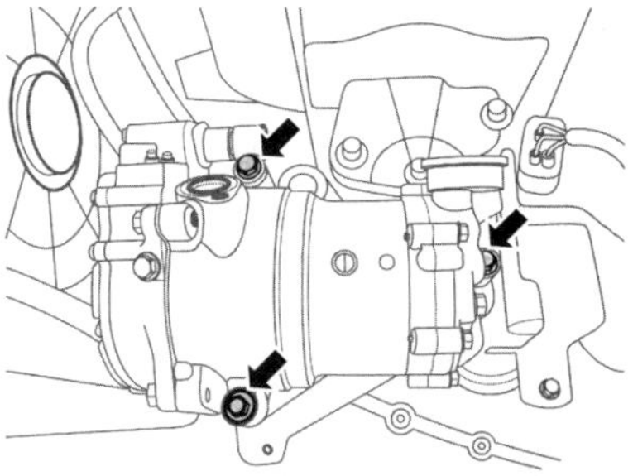 (2)连接制冷空调管(压缩机侧),紧固空调管固定螺栓。力矩:_____,注意:在安装过程中涉及的O形圈,都必须要更换新件。 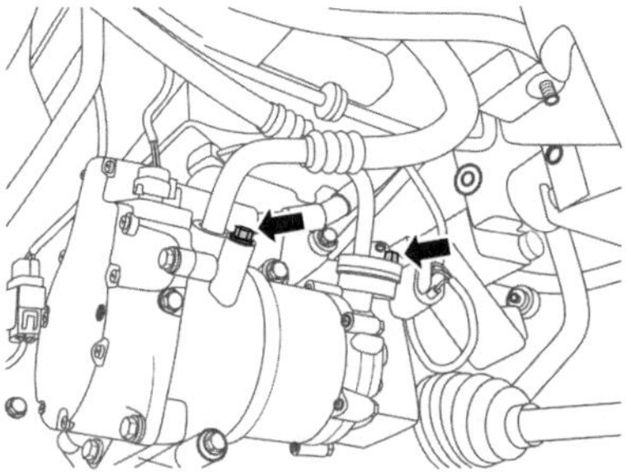 (3)连接电动压缩机高、低压线束插接件。注意,先装_____,再装_____,插接时注意"一插、二响、三确认"。	□正确安装电动空调压缩机。 □正确加注空调制冷剂

续上表

步骤	操作方法及说明	质量标准及记录
安装电动空调压缩机	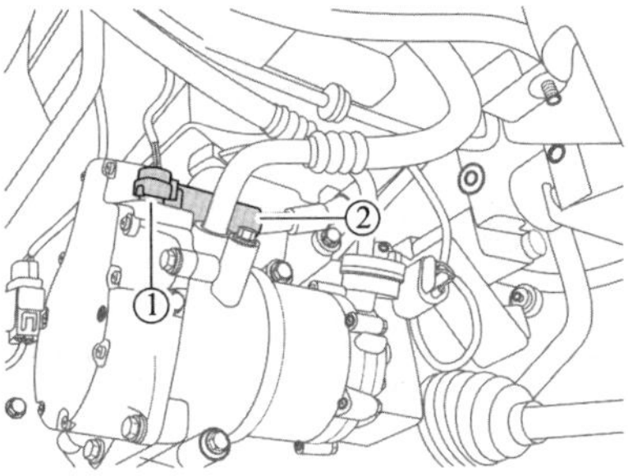 （4）连接_____直流母线插接件。 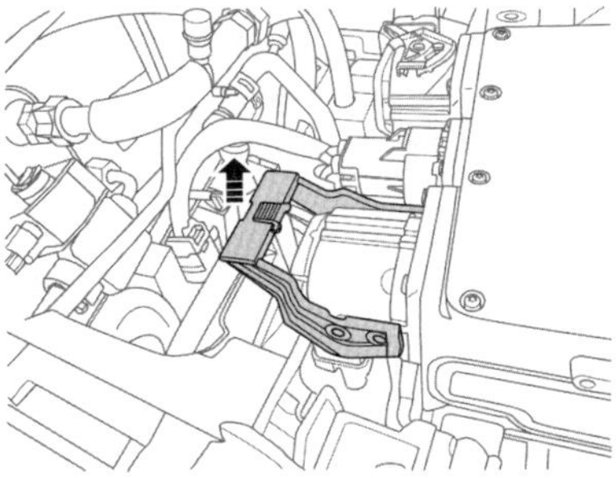 （5）连接低压蓄电池_____端子。 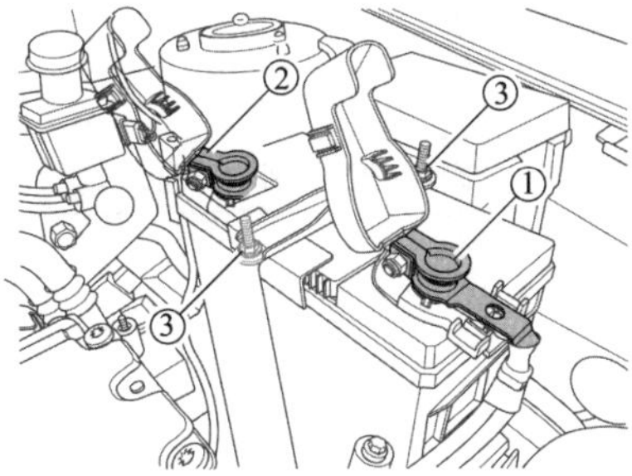 （6）添加空调制冷剂：将空调制冷剂回收加注一体机与车辆空调系统相连，打开空调制冷剂回收加注一体机电源，选择制冷剂加注功能，正确设定制冷剂和冷冻机油加注量，并启动加注过程；断开加注机的高低压管路，安装加注口密封盖；排空加注机高低压管路，关闭加注机电源	

四、评价反馈（表2-27）

评价表　　　　　　　　　　　　　　　表2-27

评分项目	评分标准	分值	得分
学习目标	能明确本任务的知识目标、技能目标、素养目标，理解任务在工作中的重要程度	5	

续上表

评分项目	评分标准	分值	得分
工作任务分析	能清晰描述完成本次工作任务内容	2	
	能清晰描述完成本次工作任务需必备的技能与知识点	2	
有效信息获取	能正确叙述空调压缩机结构及特点	5	
	能正确叙述空调压缩机工作原理	5	
实施方案制订	能清晰地制订并填写本次新能源汽车空调压缩机拆装计划	5	
	能组织或协同工作小组成员,明确本次任务所需仪器设备、工具、材料的准备与清点,并准备记录	5	
	能组织或协同工作小组成员交流,优化检查方案并记录	5	
任务实施	新能源汽车空调压缩机拆装前准备工作	5	
	新能源汽车空调压缩机的检查	15	
	新能源汽车空调压缩机的拆装	30	
任务评价	能通过本次任务实施,结合自己在实训过程中的表现,进行自我评价及自我反思并记录	3	
职业素养	按规定时间完成项目作业	2	
	遵守实训室管理规定、劳动纪律	2	
	积极参与课堂活动、回答问题	2	
	能够按时出勤	2	
思政要求	注重理论与实践相结合、责任与担当、细致严谨态度的传承	5	
总计		100	

改进建议:

教师签字:
日期:

学习活动5 新能源汽车空调制冷系统部件的检修

 明确任务

根据任务描述,需要对新能源汽车空调制冷系统的冷凝器、膨胀阀、蒸发器等部件

进行检查,并确定故障点,对其进行修复或更换,以恢复车辆空调制冷功能。

二、工作准备与计划制订

(一) 知识准备

1. 冷凝器的功用、结构

冷凝器是把来自_____的高温高压_____通过管壁和翅片将其中的热量传递给冷凝器外的空气,从而使_____态冷凝成高温高压的_____。冷凝器一般安装于车辆前部。

制冷剂在冷凝器内的工作过程分为过热、冷凝和过冷三个阶段。第一阶段,来自_____的高温高压_____将高热能释放到车外空气中,此时制冷剂状态并没有发生变化;第二阶段,制冷剂将释放出更多的热量,便于冷凝下来,此阶段其状态将变为_____;第三阶段,_____的制冷剂继续释放出能量。这种状态称为制冷剂过度冷却,这也可以防止在至膨胀阀的通道上形成气泡。

冷凝器一般由制冷剂入口、制冷剂出口、冷凝管道组成,目前有些冷凝器安装有干燥器,如图 2-26 所示。

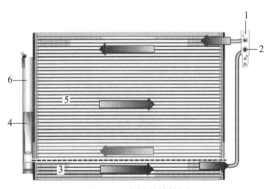

图 2-26　冷凝器结构图

1-制冷剂入口;2-制冷剂出口;3-过度冷却部分;4-干燥器;5-冷凝管道;6-收集容器

由于冷凝器安装于车辆前部,灰尘、树叶等杂物很容易附着在冷凝器表面,这将影响冷凝器的散热,进而影响空调的制冷效果;此外,冷凝器还很容易受到石子等杂物碰撞,导致冷凝器破损泄漏或变形堵塞,这也将影响空调的制冷效果,甚至直接导致空调不制冷。

2. 蒸发器的功用、结构

蒸发器的作用刚好与冷凝器相反,从_____流入的低温低压_____态制冷剂,吸收流经蒸发器的空气大量热量,变为低温低压的_____态制冷剂。另外,蒸发器从空气中吸收水分,从而使空气变干燥。水分经过冷凝后排到车外。以这种方式干燥过的空气可防止车窗玻璃起雾。蒸发器上的空气冷却过程,如图 2-27 所示。

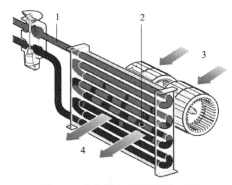

图2-27 蒸发器上的空气冷却过程

1-流入蒸发器的制冷剂;2-制冷剂状态发生变化;3-流入蒸发器的空气;4-经冷却后流出蒸发器的空气

3. 膨胀阀的功用、结构

膨胀阀对从_____流出的高温高压_____态制冷剂具有节流降压的作用,制冷剂从膨胀阀喷出后变为_____温_____压的_____态。

新能源汽车空调一般使用电子膨胀阀,其与传统燃油汽车膨胀阀的区别在于,受空调控制单元控制,可以关闭。图2-28是大众ID4 EV电子膨胀阀,其由伺服电机、阀体、插接器等部分组成。

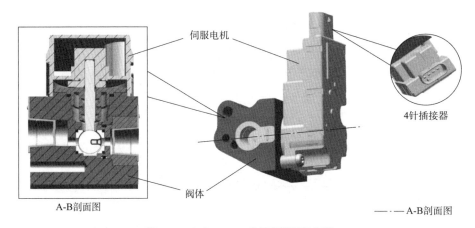

图2-28 大众ID4 EV电子膨胀阀结构图

4. 储液干燥器

储液干燥器一般安装于_____出口处,其作用是用于储备一定量的制冷剂,以确保可向_____稳定输送_____态制冷剂,同时,它还会吸收制冷剂中的水分,起到干燥作用。储液干燥器结构如图2-29所示,制冷剂从接口4进入储液干燥器,沿壳体内侧向下流动,经过干燥器清除水分后,制冷剂向上流动,再由滤网3滤除可能存在的污物,从接口7流出。目前,很多车型的干燥器集成于_____中。

5. 蒸发器温度传感器

蒸发器温度传感器是一个_____温度系数的电阻,其用来检测蒸发器表面温度,并将此信息传递给空调控制单元,进而由空调控制单元控制压缩机的_____,以达到所需的制冷效果。同时,蒸发器温度传感器还起到防止蒸发器结冰的作用。

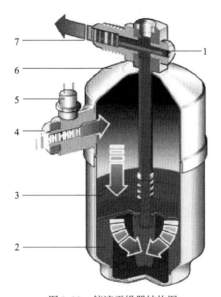

图 2-29　储液干燥器结构图
1-安全阀;2-过滤干燥器;3-滤网;4-接口;5-压力传感器;6-壳体;7-接口

6. 制冷剂压力传感器

制冷剂压力传感器一般安装于制冷剂管路的_____(高/低)压侧,它对制冷系统起到保护作用,防止压力过高或过低对其造成损坏。

(二)制订工作方案

1. 任务分工(表2-28)

学生任务分配表　　　　　表2-28

班级		组号		指导老师	
组长		任务分工			
组员1		任务分工			
组员2		任务分工			
组员3		任务分工			
组员4		任务分工			
组员5		任务分工			
组员6		任务分工			

2.仪器设备与耗材准备

(1)使用的工量具有：_____。

(2)使用的仪器设备有：_____。

(3)使用的耗材有：_____。

3.具体方案描述

_____
_____
_____
_____
_____

三、计划实施

(一)安全注意事项及技能要点

1.安全注意事项

(1)制冷剂蒸气可能导致刺激性咳嗽和恶心甚至窒息和中毒，因此，需要注意：

①不要吸入制冷剂蒸气。

②需要保证工作场所通风良好。

(2)制冷剂可能导致人员冻伤，因此，需要注意：

①佩戴防护手套。

②佩戴防护眼镜。

(3)空调器和制冷剂容器附近的火源可能导致爆炸危险和危及生命，因此，需要注意：

①工作场所不允许有火源，如焊接等。

②操作前，进行静电放电，避免因工具敲击导致的火星以及避免产生高温表面。

2.技能要点

(1)冷凝器的检查与更换。

(2)蒸发器的检查与更换。

(3)膨胀阀的检查与更换。

(4)蒸发器温度传感器的检查与更换。

(5)干燥器的检查与更换。

(6)制冷剂压力传感器的检查与更换。

(二)新能源汽车空调制冷系统部件的检修

1. 冷凝器的检查与更换(表2-29)

冷凝器的检查与更换操作方法及说明　　　　　　　　　表2-29

步骤	操作方法及说明	质量标准及记录
1. 冷凝器外观检查与清洗	(1)目视检查冷凝器表面是否存在脏污。 (2)目视检查冷凝器是否存在变形、破损等机械损伤。 (3)清除冷凝器表面黏附的异物	□冷凝器表面无脏污、本体无变形和破损
2. 回收制冷剂	按照学习活动二的要求,完成制冷剂的回收工作	□正确回收制冷剂
3. 冷凝器泄漏检查	(1)拧松并取下冷凝器上制冷剂管路固定螺栓3和4。 (2)取下制冷剂管路1和2,并使用专用工具堵住制冷剂管路,以免水汽进入制冷系统。 (3)使用工具堵住一个冷凝器管路接口,然后通过另外一个接口往冷凝器内注入惰性气体,并保持一定的压力。 (4)查阅维修手册等维修资料,等待_____分钟后,压力表压力下降不超过_____,否则说明冷凝器存在泄漏。 (5)如存在泄漏,往冷凝器上喷泡沫,以确认泄漏点。 (6)对冷凝器进行泄压,取下工具和惰性气体加注设备	□正确拆卸冷凝器连接的制冷剂管路。 □正确使用压力法判断冷凝器是否存在泄漏
4. 拆卸冷凝器	(1)拆卸前保险杠罩。 (2)拧出螺栓3,取出喇叭和双音喇叭2,脱开连接插头1。 (3)拆卸锁支架。 (4)拔下散热器风扇和冷却器遮阳卷帘的电器插头。 (5)排放冷却液,注意某些新能源车辆需要连接诊断仪,打开相关阀门。	□正确排放冷却液。 □正确拆除冷凝器

续上表

步骤	操作方法及说明	质量标准及记录
4.拆卸冷凝器	(6)松开水管抱箍,拔下散热器连接水管。 (7)拆下冷凝器制冷剂管路。 (8)拆卸防撞梁。 (9)取下散热模块。 (10)拆出冷凝器1	
5.安装冷凝器	(1)以倒序安装冷凝器。 (2)查阅维修手册,如果更换冷凝器,需要向制冷系统中额外添加_____冷冻机油。 (3)按照学习活动2要求正确加注制冷剂。 (4)检查新能源汽车空调制冷功能是否正常	□正确安装冷凝器。 □正确添加冷冻机油

2.蒸发器的检查与更换(表2-30)

蒸发器的检查与更换操作方法及说明　　　　　　表2-30

步骤	操作方法及说明	质量标准及记录
1.回收制冷剂	按照学习活动二的要求,完成制冷剂的回收工作	□正确回收制冷剂
2.蒸发器泄漏检查	(1)拧松螺栓2,从膨胀阀上取下制冷剂管路1和3,并使用专用工具堵住制冷剂管路,以免水汽进入制冷系统。 (2)使用工具堵住一个蒸发器管路接口,然后通过另外一个接口往蒸发器内注入惰性气体,并保持一定的压力。 (3)查阅维修手册等维修资料,等待_____分钟后,压力表压力下降不超过_____,否则说明蒸发器存在泄漏。 (4)如存在泄漏,需要拆卸蒸发,进一步进行检查。 (5)对蒸发器进行泄压,取下工具和惰性气体加注设备	□正确拆卸蒸发器连接的制冷剂管路。 □正确使用压力法判断蒸发器是否存在泄漏

续上表

步骤	操作方法及说明	质量标准及记录
3.拆卸蒸发器	（1）拆卸加热和空调装置。 （2）拧出螺栓2，取出蒸发器壳体1。 （3）从蒸发器壳体中取出蒸发器1	□正确拆除蒸发器
4.安装蒸发器	（1）以倒序安装蒸发器。 （2）查阅维修手册，如果更换蒸发器，需要向制冷系统中额外添加_____冷冻机油。 （3）按照学习活动2要求正确加注制冷剂。 （4）检查新能源汽车空调制冷功能是否正常	□正确安装蒸发器。 □正确添加冷冻机油

3.膨胀阀的检查与更换（表2-31）

膨胀阀的检查与更换操作方法及说明　　　　　　　　表2-31

步骤	操作方法及说明	质量标准及记录
1.检查膨胀阀工作状况	（1）打开车辆空调制冷功能，让空调运转几分钟。 （2）使用温度计测量膨胀阀进出口的温度，并判断膨胀阀工作是否正常。 进口温度：_____ 出口温度：_____ 结论：_____	□正确判断膨胀阀工作状况
2.回收制冷剂	按照学习活动2的要求，完成制冷剂的回收工作	□正确回收制冷剂

75

续上表

步骤	操作方法及说明	质量标准及记录
3.拆卸膨胀阀	（1）拧松螺栓2，从膨胀阀上取下制冷剂管路1和3，并使用专用工具堵住制冷剂管路，以免水汽进入制冷系统。 （2）拧出螺栓1和2，拉出膨胀阀3，并使用专用工具堵住制冷剂管路，以免水汽进入制冷系统	□正确拆除膨胀阀
4.安装膨胀阀	（1）以倒序安装膨胀阀；安装膨胀阀前，需要使用冷冻机油涂抹密封圈。 （2）按照学习活动2要求正确加注制冷剂。 （3）检查新能源汽车空调制冷功能是否正常	□正确安装膨胀阀

4.干燥器的检查与更换（表2-32）

干燥器的检查与更换操作方法及说明　　　　　　　　　表2-32

步骤	操作方法及说明	质量标准及记录
1.回收制冷剂	按照学习活动2的要求，完成制冷剂的回收工作	□正确回收制冷剂
2.拆卸干燥器	（1）将屏蔽罩1从冷凝器2上旋出。	□正确拆除膨胀阀

续上表

步骤	操作方法及说明	质量标准及记录
2.拆卸干燥器	（2）将干燥剂袋1从冷凝器2中取出。 （3）小心将滤网2从冷凝器中拉出，并用专用工具封闭接口，以免水汽进入制冷系统	
3.安装干燥器	（1）以倒序安装干燥器；安装制冷剂管路前，需要使用冷冻机油涂抹新密封圈。 （2）按照学习活动2要求正确加注制冷剂。 （3）检查新能源汽车空调制冷功能是否正常	□正确安装干燥器

5. 蒸发器温度传感器的检查与更换（表2-33）

蒸发器温度传感器的检查与更换操作方法及说明　　　表2-33

步骤	操作方法及说明	质量标准及记录
1.检查蒸发器温度传感器	（1）检查蒸发器温度传感器G308信号电压，测量SIG与GND之间的电压为：_____ 　结论：_____ （2）进行高压断电并检验，断开12V蓄电池负极。 （3）检查G308信号线，测量SIG线束导通性，测量值为：_____ 　结论：_____ （4）检查G308搭铁线，测量GND针脚与车身搭铁之间电阻，测量值为：_____ 　结论：_____	□正确使用电压法、电阻法等判断蒸发器温度传感器及其线路故障

续上表

步骤	操作方法及说明	质量标准及记录
1. 检查蒸发器温度传感器	(5)检查蒸发器温度传感器，测量 G308SIG 与 GND 针脚间电阻，测量值为_____ 结论：_____ 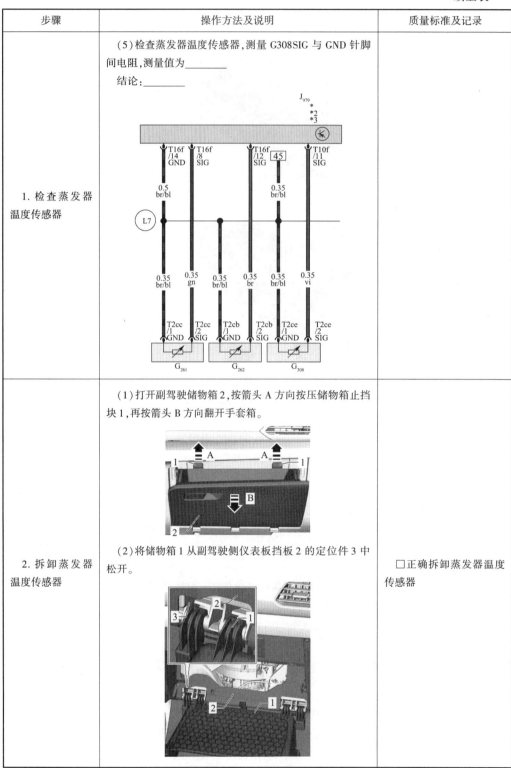	
2. 拆卸蒸发器温度传感器	(1)打开副驾驶储物箱 2，按箭头 A 方向按压储物箱止挡块 1，再按箭头 B 方向翻开手套箱。 (2)将储物箱 1 从副驾驶侧仪表板挡板 2 的定位件 3 中松开。	□正确拆卸蒸发器温度传感器

续上表

步骤	操作方法及说明	质量标准及记录
2. 拆卸蒸发器温度传感器	（3）取出螺栓1，取下储物箱盖板2。 （4）使用拆卸楔3松开蒸发器温度传感器1，并将其从壳体中取出，拔下其电气插头2	
3. 安装干燥器	以倒序安装蒸发器温度传感器	□正确安装蒸发器温度传感器

6. 制冷剂压力传感器的检查与更换（表2-34）

制冷剂压力传感器的检查与更换操作方法及说明　　　　　表2-34

步骤	操作方法及说明	质量标准及记录
1. 检查制冷剂压力传感器	（1）检查制冷剂压力传感器G395供电电压，测量KL87a与GND之间的电压为：＿＿＿＿＿＿ 　结论：＿＿＿＿＿＿ （2）检查G395信号，使用示波器测量LIN线波形。 　结论：＿＿＿＿＿＿ （3）进行高压断电并检验，断开12V蓄电池负极。 （4）检查G395供电线，测量KL87a线束导通性，测量值为：＿＿＿＿＿＿ 　结论：＿＿＿＿＿＿ （5）检查G395搭铁线，测量GND针脚与车身搭铁之间电阻，测量值为：＿＿＿＿＿＿ 　结论：＿＿＿＿＿＿ （6）检查G395信号线，测量LIN线束导通性，测量值为：＿＿＿＿＿＿ 　结论：＿＿＿＿＿＿	□正确使用电压法、电阻法等判断制冷剂压力传感器及其线路故障

续上表

步骤	操作方法及说明	质量标准及记录
1. 检查制冷剂压力传感器	（电路图：G395，T14ah/1 GND 0.5 br/bl，T14ah/2 LIN2 0.35 vi/ws，T14ah/4 KL87a 0.5 sw/bl，B353、B842、B367）	
2. 回收制冷剂	按照学习活动2的要求回收制冷剂	□ 正确回收制冷剂
3. 拆卸制冷剂压力传感器	拔下制冷剂压力传感器电气插头1，将其从制冷剂管路4中拧出	□ 正确拆卸制冷剂温度传感器
4. 安装制冷剂压力传感器	（1）以倒序安装制冷剂压力传感器。 注意密封圈3需要更换，并于安装前，在其表面涂抹冷冻机油。 （2）按照学习活动2要求正确加注制冷剂。 （3）检查新能源汽车空调制冷功能是否正常	□ 正确安装制冷剂压力传感器

四 评价反馈（表2-35）

评价表　　　　　　　　　　　　　　　　　　　　　　　表2-35

评分项目	评分标准	分值	得分
学习目标	能明确本任务的知识目标、技能目标、素养目标，理解任务在工作中的重要程度	5	

续上表

评分项目	评分标准	分值	得分
工作任务分析	能清晰描述完成本次工作任务内容	2	
	能清晰描述完成本次工作任务需必备的技能与知识点	2	
有效信息获取	能正确叙述制冷剂的类型	5	
	能正确叙述冷冻机油的作用与类型	5	
实施方案制订	能清晰地制订并填写本次新能源汽车制冷系统部件检修的准备作业计划	5	
	能组织或协同工作小组成员,明确本次任务所需仪器设备、工具、材料的准备与清点,并准备记录	5	
	能组织或协同工作小组成员交流,优化检查方案并记录	5	
任务实施	能正确地、规范地检查与更换冷凝器	10	
	能正确地、规范地检查与更换蒸发器	10	
	能正确地、规范地检查与更换膨胀阀	10	
	能正确地、规范地检查与更换干燥器	5	
	能正确地、规范地检查与更换蒸发器温度传感器	10	
	能正确地、规范地检查与更换制冷剂压力传感器	5	
任务评价	能通过本次任务实施,结合自己在实训过程中的表现,进行自我评价及自我反思并记录	3	
职业素养	按规定时间完成项目作业	2	
	遵守实训室管理规定、劳动纪律	2	
	积极参与课堂活动、回答问题	2	
	能够按时出勤	2	
思政要求	注重理论与实践相结合、责任与担当、细致严谨态度的传承	5	
总计		100	

改进建议:

教师签字:
日期:

习题

1. 单选题

(1) 下列新能源汽车空调制冷系统的部件,(　　)属于高压部件。
　　A. 冷凝器　　　　B. 蒸发器　　　　C. 膨胀阀　　　　D. 空调压缩机

(2) 在新能源汽车空调制冷工作循环里,制冷剂流经(　　),会从气态变为液态。
　　A. 冷凝器　　　　B. 蒸发器　　　　C. 膨胀阀　　　　D. 压缩机

(3) 新能源汽车空调不会使用下列哪种制冷剂?(　　)
　　A. R12　　　　　B. R134a　　　　C. R1234yf　　　　D. R744

(4) 在新能源汽车空调制冷工作循环中,制冷剂流经(　　),会将自身热量散发到空气中。
　　A. 蒸发器　　　　B. 冷凝器　　　　C. 干燥器　　　　D. 膨胀阀

(5) 下列关于R134a制冷剂的说法中,哪项描述是正确的?(　　)
　　A. 不易吸收潮气
　　B. 皮肤接触制冷剂可能会导致冻伤
　　C. 如果制冷剂接触到皮肤或是眼睛,不能立即用水冲洗
　　D. 不能重复使用

(6) 哪项有关新能源汽车空调维修安全和环保规定的表述是正确的?(　　)
　　A. 空调器保养期间必须保证足够的新鲜空气输入或持续清洁室内空气
　　B. R134a不会加剧温室效应,因此可以进入大气中
　　C. 空调器维修期间允许吸烟,但不允许焊接
　　D. 对空调器进行维护工作时可以不带防护眼镜

(7) 蒸发器输出管路中的制冷剂状态是(　　)。
　　A. 高压液态　　　B. 高压气态　　　C. 低压液态　　　D. 低压气态

(8) 下列哪项不是新能源汽车空调系统制冷剂干燥器的功能?(　　)
　　A. 储液　　　　　B. 干燥　　　　　C. 过滤　　　　　D. 节流

(9) 制冷剂离开压缩机后在管路中是(　　)。
　　A. 高压液态　　　B. 高压气态　　　C. 低压液态　　　D. 低压气态

(10) 制冷剂离开膨胀阀后在管路中是(　　)。
　　A. 高压液态　　　B. 高压气态　　　C. 低压液态　　　D. 低压气态

(11) 制冷剂纯度分析仪不能鉴别下列哪种物质?(　　)
　　A. R12　　　　　B. R22　　　　　C. R134a　　　　D. R744

(12) 制冷剂纯度分析仪连接新能源汽车空调制冷系统管路的(　　)加注口。
　　A. 低压阀　　　　B. 高压阀　　　　C. 任意一个　　　D. 两个

(13) 使用电子式卤素检漏测试仪对新能源汽车空调制冷系统进行检漏测试时,在检查特殊位置时,探针需静止(　　)s以上。

A. 5　　　　　　B. 10　　　　　　C. 15　　　　　　D. 20

(14) 回收新能源汽车制冷剂时，不需要佩戴的防护用品是(　　)。
　　A. 护目镜　　　　　　　　　　B. 防护手套
　　C. 绝缘手套　　　　　　　　　D. 以上都不需要

(15) 使用氮气对新能源汽车空调制冷系统进行密封性检测时，将氮气瓶与制冷管路的(　　)加注口连接。
　　A. 低压阀　　　　　　　　　　B. 高压阀
　　C. 任意一个　　　　　　　　　D. 两个

(16) 目前，干燥器一般与(　　)集成于一体。
　　A. 压缩机　　B. 冷凝器　　C. 膨胀阀　　D. 蒸发器

(17) 新能源汽车上最常见的空调压缩机是(　　)式电动压缩机。
　　A. 曲轴连杆式　　　　　　　　B. 轴向活塞
　　C. 旋转叶片式　　　　　　　　D. 涡旋式

(18) 制冷剂经过压缩机后有什么变化？(　　)
　　A. 制冷剂的温度从低变高　　　B. 制冷剂从气态变成液态
　　C. 制冷剂的压力从高变低　　　D. 制冷剂从气态变成液态

(19) 涡旋压缩机中的涡轮是(　　)。
　　A. 正方形　　B. 涡闭环形状　　C. 螺旋形　　D. 圆形

(20) 涡旋压缩机里面有(　　)个涡旋盘。
　　A. 1　　　　　B. 2　　　　　C. 3　　　　　D. 4

(21) 涡旋压缩机中在工作过程中的两个涡旋盘运动状态如何？(　　)
　　A. 两个涡旋盘都不转动
　　B. 两个涡旋盘都在转动
　　C. 一个涡旋盘在转动，而另一个保持静止
　　D. 运动状态不确定

(22) 新能源汽车空调制冷剂通过电动压缩机进行压缩，从高压管路流出，流向(　　)。
　　A. 蒸发箱　　B. 膨胀阀　　C. 干燥罐　　D. 冷凝器

(23) 涡旋式压缩机是如何吸入制冷剂的？(　　)
　　A. 涡轮相互靠近，制冷剂可占的容积减小
　　B. 涡轮旋转，制冷剂流向高压管道
　　C. 涡轮运动分开以后，制冷剂可占的容积增加
　　D. 以上都不正确

(24) 制冷剂从(　　)流出，随着两个涡旋盘的旋转，容积增加，从而被压缩机吸入。
　　A. 蒸发器　　B. 膨胀阀　　C. 干燥罐　　D. 冷凝器

(25)涡轮压缩机如何排出制冷剂的?（　　）
　　A. 涡轮相互靠近,制冷剂可占的容积减小
　　B. 涡轮向回旋转,制冷剂流向进气管道
　　C. 涡轮运动分开以后,制冷剂可占的容积增加
　　D. 不确定

(26)涡旋压缩机的排气孔和固定涡旋盘的（　　）相连。
　　A. 底部　　　　B. 上部　　　　C. 侧面　　　　D. 中心

(27)如何改变涡旋压缩机的输出?（　　）
　　A. 通过增加压缩机的入口压力
　　B. 通过改变旋转的速度
　　C. 通过使用更大的管道
　　D. 无法改变

(28)检测新能源汽车空调制冷功能时,需要打开车辆制冷功能,空调温度设置为_____,空调风速设置为_____。（　　）
　　A. 最高；最高　　B. 最低；最低　　C. 最高；最低　　D. 最低；最高

2. 判断题

(1)新能源汽车空调制冷系统一般使用PAG冷冻机油。　　　　　　　　（　　）

(2)空调歧管压力计有两个压力表,一个压力表用于检测制冷系统高压侧的压力,另一个压力表用于检测制冷系统低压侧的压力和系统真空度。　　　　（　　）

(3)冷冻油的作用有润滑压缩机内各运动部件及降低压缩机噪声。　　（　　）

(4)新能源汽车空调热交换器中,蒸发器是用来散热的,冷凝器是用来吸热的。
　　　　　　　　　　　　　　　　　　　　　　　　　　　　　　　　（　　）

(5)空调电子检漏仪探头长时间置于制冷剂严重泄漏的地方很容易被损坏。
　　　　　　　　　　　　　　　　　　　　　　　　　　　　　　　　（　　）

(6)新能源汽车空调制冷系统中,制冷剂越多,制冷能力越强。　　　　（　　）

(7)新能源汽车空调蒸发器表面的温度越低越好。　　　　　　　　　　（　　）

(8)新能源汽车空调蒸发器是热交换装置,使制冷剂由低压气态变为低压雾状。
　　　　　　　　　　　　　　　　　　　　　　　　　　　　　　　　（　　）

(9)电动汽车的空调压缩机为涡旋式电动压缩机,其工作电压一般为:220V～420VDC,常用制冷剂类型为:R134a。　　　　　　　　　　　　　　　（　　）

(10)与传统燃油汽车不同,纯电动汽车的空调系统中的压缩机改为电驱动,除此之外其他结构与传统燃油汽车基本相同。　　　　　　　　　　　　　（　　）

(11)新能源汽车的空调制热系统的暖风热源主要由压缩机提供。　　（　　）

(12)电动压缩机工作过程主要包含进气、压缩和排气三个过程。　　（　　）

(13)因为纯电动汽车可以通过电流来控制空调压缩机的工作,所以可以取消电磁离合器。　　　　　　　　　　　　　　　　　　　　　　　　　　　　（　　）

(14)涡旋压缩机高压管道和旋转涡旋盘相连。（   ）
(15)涡旋压缩机排气孔与高压管道相连。（   ）
(16)新能源汽车电动压缩机通常使用三相交流电机来驱动。（   ）
(17)新能源汽车电动压缩机是使用低压电来驱动的。（   ）

3. 实操练习题

(1)进行新能源汽车空调制冷系统性能检测实训,并记录关键步骤和注意事项。

(2)进行新能源汽车空调压缩机控制系统检修工作,并记录检修步骤和注意事项。

(3)进行新能源汽车空调压缩机更换工作,并记录更换步骤和注意事项。

学习任务三

新能源汽车空调无暖风故障检修

学习目标

1. 知识目标

(1) 能描述新能源汽车空调暖风系统的组成和作用。

(2) 能描述新能源汽车空调制热的基本工作原理。

(3) 能描述新能源汽车空调暖风系统的信号控制逻辑。

(4) 能识读新能源汽车空调暖风系统的控制电路图。

2. 技能目标

(1) 能准确阅读维修工单,就车确认空调无暖风故障的现象。

(2) 能准确识读电路图,按照维修手册要求,规范检查与排除新能源汽车空调制热系统控制电路。

(3) 能准确识读电路图,按照维修手册要求,检修新能源汽车空调风向电机控制电路。

(4) 能按照维修手册要求,规范检查与排除新能源汽车空调电动水泵故障。

(5) 能按照维修手册要求,规范检查与更换新能源汽车空调 PTC 加热器总成。

(6) 能按照维修手册要求,规范检查与更换新能源汽车空调风向电机。

(7) 能正确分析新能源汽车空调无暖风故障原因。

3. 素养目标

(1) 能对维修场地设备进行日常维护,按 7S 管理规定要求清理现场。

(2) 能在作业过程中严格执行企业操作规范、安全生产制度、环保管理制度,严格遵守从业人员的职业道德,具有吃苦耐劳、爱岗敬业的工作态度和职业责任感。

(3) 能识别原厂配件,不使用劣质配件。

(4) 具有严谨的工作作风和精益求精的工匠精神,树立正确的质量强国意识。

参考学时

36 学时。

任务描述

一辆新能源汽车进厂维修,客户反映汽车空调无暖风。经班组长初步检查,诊断为制热系统故障,需要对其进行检修。

学生从班组长(教师扮演)接受车辆维修任务,通过阅读维修工单,明确任务要求,查阅维修手册,确定作业流程与技术标准;以独立或小组合作的方式,在规定时间内完成新能源汽车空调制热系统检修工作,如制热系统控制电路检修、PTC 加热器的总成更换、电动水泵的检修、风向电机的控制电路检修、风向电机的检查与更换等,使汽车恢复正常使用性能;对于发现的维修增项须经前台、客户确认后实施,自检合格后,填写维修工单,交付班组长进行质量检验。同时,学生应在教师指导下总结任务实施过程,撰写任务实施指导书,在工作过程中遵循现场工作管理规范。

学习活动1 新能源汽车空调制热系统控制电路检修

一、明确任务

根据任务描述,检查待修车辆的空调制热系统,确认故障现象。请查阅维修手册等资料,准备空调制热系统故障检查与排除所需的工具、配件等,对空调制热系统控制电路进行检查与更换,使其恢复正常使用性能。

二、工作准备与计划制订

(一)知识准备

1. 汽车空调暖风系统介绍

汽车空调供暖系统的作用是与制冷系统一起对乘员舱空气_____、_____等进行调节,在冬季向车内提供暖风,提高车内空气温度并使车内空气处于一个舒适的温度范围。同时当风窗玻璃结霜和结雾时,它可以输送热风用来_____和_____。

传统燃油汽车空调供暖大多采用发动机_____式供暖系统,该系统是将发动机冷却系统中的_____作为热源,把冷却液引入热交换器(暖风水箱),鼓风机送来的车内空气(内循环)或车外空气(外循环)经过空调蒸发器由温度调节风门控制流过热交换器,如图3-1所示。当温度调节风门控制通过_____的空气流量大时,出风口温度高,空气流量小时,出风口温度低。暖风还可以通过风窗玻璃下面的除霜除雾出风口吹到前风窗玻璃上,以防止起雾或结霜。

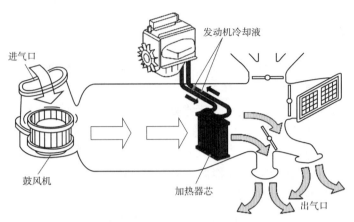

图 3-1 发动机余热式汽车空调供暖系统

2. 新能源汽车空调暖风系统分类

纯电动汽车由于没有发动机,无法采用发动机余热式供暖系统为乘员舱供暖,故其乘员舱的供暖主要采用_____供暖和_____供暖两种方式。其中 PTC 加热器供暖又可以分为_____和_____两种类型,考虑到与动力蓄电池热管理相结合及换热效率等因素,_____加热器是目前纯电动汽车供暖的主要形式。

(1)风暖 PTC 加热器供暖系统是将传统发动机余热式供暖系统的暖风水箱替换为风暖 PTC 加热器,利用_____给 PTC 加热器供电加热,如图 3-2 所示。

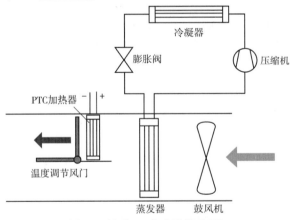

图 3-2 风暖 PTC 加热器供暖系统

(2)水暖 PTC 加热器供暖系统是保留了传统燃油汽车供暖系统中的暖风水箱(加热芯体),用水暖 PTC 加热器给供暖系统中的_____加热,然后在电子水泵推动下在暖风水箱中进行热交换,对流过的空气进行加热,如图 3-3 所示。

(3)热泵加热供暖系统是通过消耗压缩机的机械功,由低温热源吸收热量,将热量排放到高压热源去。热泵系统工作时,压缩机压缩后的_____制冷剂进入车内冷凝器换热,向流过的车内空气_____,经膨胀阀节流降压变成_____制冷剂液体进入车外蒸发器换热,吸收车外空气的热量蒸发,变成低温低压制冷过热蒸气,重新被压缩机吸入,完成一个热泵循环,如图 3-4 所示。

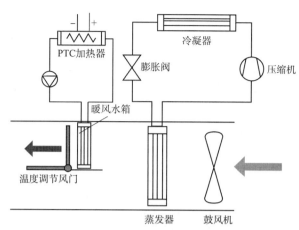

图3-3 水暖PTC加热器供暖系统

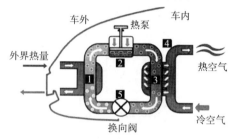

图3-4 热泵加热供暖系统

3. 帝豪EV450新能源汽车空调暖风系统组成

该车型暖风系统是_____，主要由PTC加热器总成、_____、储液罐和暖风散热器及暖风水管组成，如图3-5所示。

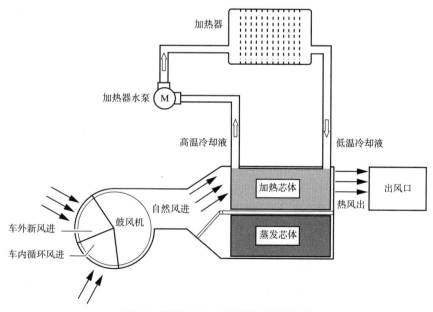

图3-5 帝豪EV450空调供暖系统结构图

89

4. 帝豪 EV450 新能源汽车空调供暖系统电路分析

该车型配备的全自动空调控制系统由_____、室外温度传感器、蒸发器温度传感器、光照射传感器、压力传感器、电动压缩机、冷凝器风扇、热管理控制器等部件组成。该系统是根据各传感器检测到车内的_____、蒸发器温度以及其他有关的开关信号等输出控制信号,实现自动控制车内温度。

PTC 加热控制器由热管理继电器_____供电,自动空调控制面板控制,主要有电源、_____和接地等三部分电路组成,如图 3-6、图 3-7。

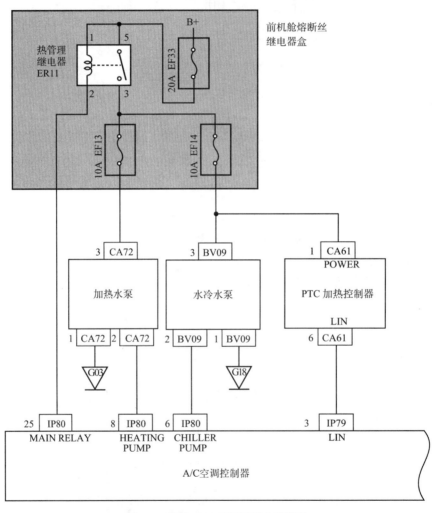

图 3-6 帝豪 EV450 暖风系统电路简图

(1)电源电路:PTC 加热控制器由 ER11 热管理继电器供电,来自蓄电池正极 B+ 的 12V 电经由 EF33(20A)熔断丝给 ER11 继电器_____号脚和_____号脚供电,其中 1 号脚和 2 号脚为继电器线圈控制端,经由 ER11 的_____号脚,连接到自动空调控制面板 IP86a 插接器_____号脚,当自动空调控制面板将这条线内部接地时,

ER11继电器线圈工作,开关吸合,此时其5号脚12V电经由_____号脚给到多个熔断丝,分别为给加热水泵供电的EF13(10A),连接到加热水泵CA72插接器的_____号脚;同时给水冷水泵和PTC加热控制器供电的EF14(10A),分别连接到水冷水泵BV09插接器_____号脚和PTC加热控制器CA61插接器_____号脚。

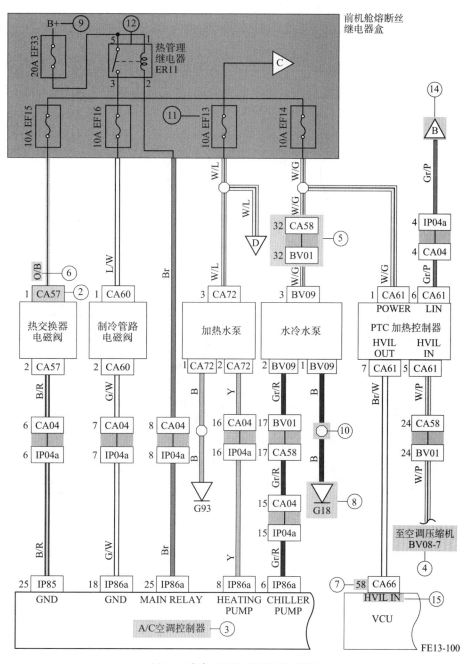

图3-7 帝豪EV450暖风系统电路图

(2)信号电路:加热水泵信号线为 CA72 插接器_____号线,连接到自动空调控制面板 IP86a 插接器_____号线;水冷水泵信号线为 BV09 插接器的_____号线,连接到自动空调控制面板 IP86a 插接器_____号线;PTC 加热控制器信号线为 CA61 插接器_____号线,连接到自动空调控制面板 IP85 插接器_____号线,此条线为_____信号线。

(3)接地电路:加热水泵接地线为 CA72 插接器_____号线,连接到_____接地点。水冷水泵接地线为 BV09 插接器_____号线,连接到_____接地点。

PTC 加热器的高压电源由_____提供,动力蓄电池将高压电经由_____插接器、高压线束和_____插接器传送给车载充电机,后者在内部经过 HF05（40A）熔断丝,然后经由 BV33 插接器、高压线束和 BV32 插接器传递给 PTC 加热控制器,如图 3-8 所示。

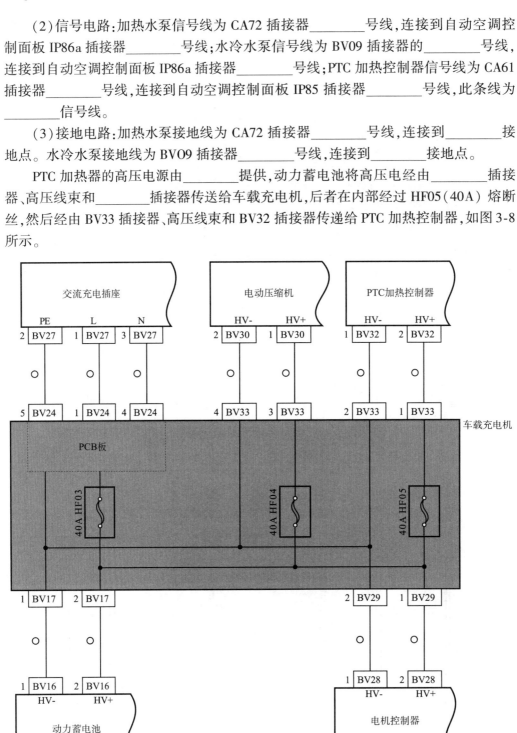

图 3-8　帝豪 EV450 暖风系统 PTC 加热器高压供电电路

(二)制订工作方案

1. 任务分工(表3-1)

学生任务分配表　　　　　　　　　　　　表3-1

班级		组号		指导老师	
组长		任务分工			
组员1		任务分工			
组员2		任务分工			
组员3		任务分工			
组员4		任务分工			
组员5		任务分工			
组员6		任务分工			

2. 工量具、仪器设备与耗材准备

(1)使用的工量具有：_____。

(2)使用的仪器设备有：_____。

(3)使用的耗材有：_____。

3. 具体方案描述

_____

_____

_____

_____

_____

三、计划实施

(一)安全注意事项及技能要点

1. 安全注意事项

(1)安全规范起动车辆,打开空调制热系统各功能。

(2)规范使用测量工具,检测部件及线路。

2. 技能要点

(1)操作空调制热模式,检测制热效果。

(2)使用万用表,测量PTC加热器相关线路。

(二)新能源汽车空调制热系统控制电路检修

1. 新能源汽车空调制热系统控制电路检修前准备工作(表3-2)

检修前准备工作操作方法及说明　　　　　　　　　　表3-2

步骤	操作方法及说明	质量标准及记录
1. 工位检查	检查车辆周边的情况有无遮挡物	□正确设置车辆状态
2. 工作前准备	安装车轮挡块、内外三件套	□正确设置车辆安全防护装置
3. 确认车辆无空调相关故障码	(1)将诊断仪与车辆OBD接口连接。 (2)诊断仪选择正确的车型。 (3)选择车辆测试功能,读取故障码,确定没有空调相关故障码	□正确连接诊断仪。 □正确读取车辆故障码

2. 新能源汽车空调制热功能检测(表3-3)

新能源汽车空调制热功能检测方法及说明　　　　　　表3-3

步骤	操作方法及说明	质量标准及记录
车辆空调设置	(1)关闭全部车窗、天窗和车门。 (2)打开车辆制热功能,温度调至最_____,风速调至最_____。 (3)打开各出风模式。 (4)使用温度计,测量车内温度,查阅维修手册,找到标准数值	□正确设置车辆状态。 □正确设置空调状态。 □正确判断空调制热功能是否正常

续上表

步骤	操作方法及说明	质量标准及记录
车辆空调设置		

3. 新能源汽车空调PTC加热器的低压供电线路(表3-4)

PTC加热器的低压供电线路检测方法及说明　　　　表3-4

步骤	操作方法及说明	质量标准及记录
1. 检查熔断丝EF14是否损坏	（1）操作启动开关使电源模式至ON状态，测量_____熔断丝座电压应为_____。 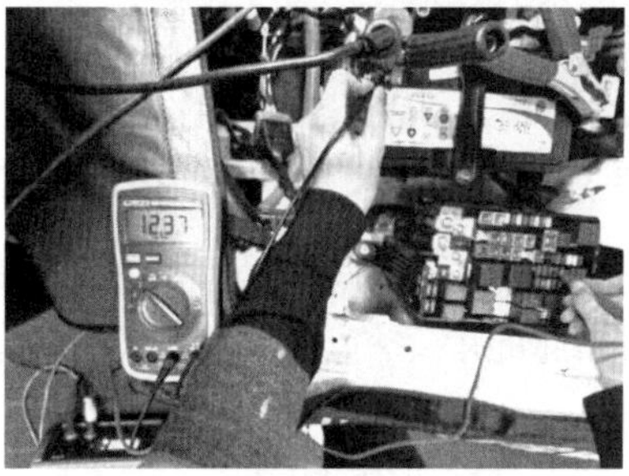 （2）取下并测量EF14熔断丝内阻状态，电阻为_____Ω。 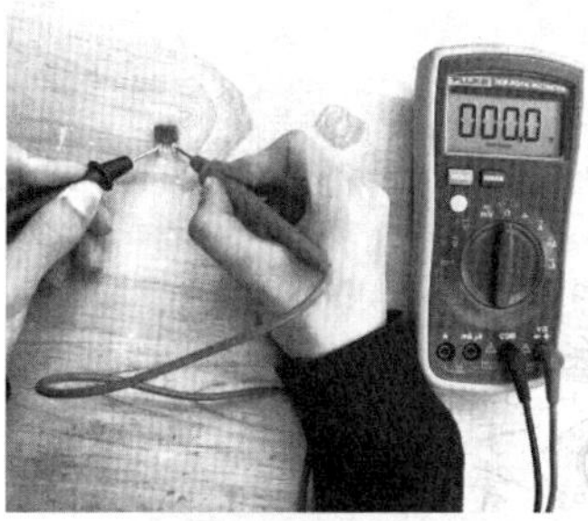 （3）若损坏，则检查电路是否存在短路，维修后更换额定值为_____的熔断丝	☐正确判断熔断丝座正常电压。 ☐正确判断熔断丝导通情况。 ☐正确选用熔断丝

续上表

步骤	操作方法及说明	质量标准及记录
2. 测量 PTC 加热控制器供电线路	（1）操作启动开关使电源模式至_____状态,然后断开蓄电池负极连接。 （2）断开 PTC 加热器低压线束插头_____。 （3）连接蓄电池负极,操作启动开关使电源模式至_____状态。 （4）测量 PTC 加热器低压线束插头 CA61 的_____号端子与车身搭铁之间的电压,正常应为_____。若异常,则更换或维修线束 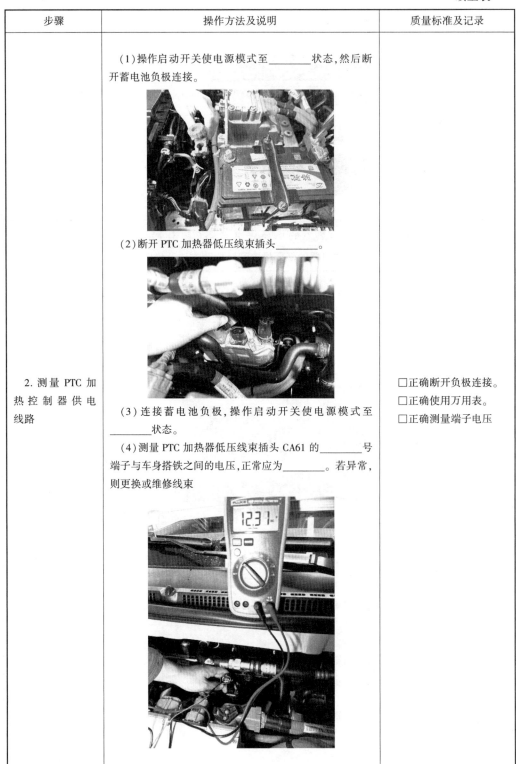	□正确断开负极连接。 □正确使用万用表。 □正确测量端子电压

4. 新能源汽车空调 PTC 加热器的 LIN 通讯总线检测（表 3-5）

PTC 加热器的 LIN 通讯总线检测方法及说明　　　　　表 3-5

步骤	操作方法及说明	质量标准及记录
1. 测量 LIN 通讯端子电压	操作启动开关使电源模式至 OFF 状态，断开 PTC 加热器低压线束插头 CA61，操作启动开关使电源模式至 ON 状态，测量 CA61 的_____号端子，应有电压_____	□正确使用万用表。 □正确测量端子电压
2. 测量 LIN 通讯线导通情况	（1）操作启动开关使电源模式至 OFF 状态，然后断开蓄电池负极连接。 （2）断开 PTC 加热器低压线束插头_____，断开空调控制连接线束 IP85。 （3）测量 PTC 加热器低压线束插头 CA61 的_____号端子与空调控制连接线束 IP85 的 3 号端子之间的电阻，正常应小于_____Ω。若异常，则维修或更换线束	□正确断开负极连接。 □正确使用万用表。 □正确判断线路导通情况

续上表

步骤	操作方法及说明	质量标准及记录
2.测量 LIN 通讯线导通情况	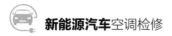	

四、评价反馈(表3-6)

评价表　　　　　　　　　　　　　　　　　　　　　　表3-6

评分项目	评分标准	分值	得分
学习目标	能明确本任务的知识目标、技能目标、素养目标,理解任务在工作中的重要程度	5	
工作任务分析	能清晰描述完成本次工作任务内容	2	
	能清晰描述完成本次工作任务需必备的技能与知识点	2	
有效信息获取	能正确叙述汽车空调供暖系统的分类及相应的特点	5	
	能正确叙述新能源汽车空调暖风系统的总类	5	
	能正确叙述帝豪 EV450 新能源汽车空调暖风系统组成	5	
	能正确叙述帝豪 EV450 新能源汽车空调供暖系统控制原理	5	
实施方案制订	能清晰地制订并填写本次新能源汽车空调制热系统控制电路检修的准备作业计划	5	
	能组织或协同工作小组成员,明确本次任务所需仪器设备、工具、材料的准备与清点,并准备记录	5	
	能组织或协同工作小组成员交流,优化检查方案并记录	5	
任务实施	新能源汽车空调制热系统控制电路检修前准备	10	
	新能源汽车空调制热功能检测	10	
	PTC 加热器的低压供电线路检测	10	
	PTC 加热器的 LIN 通讯总线检测	10	

续上表

评分项目	评分标准	分值	得分
任务评价	能通过本次任务实施,结合自己在实训过程中的表现,进行自我评价及自我反思并记录	3	
职业素养	按规定时间完成项目作业	2	
	遵守实训室管理规定、劳动纪律	2	
	积极参与课堂活动、回答问题	2	
	能够按时出勤	2	
思政要求	注重理论与实践相结合、责任与担当、细致严谨态度的传承	5	
总计		100	

改进建议:

教师签字:
日期:

学习活动2 新能源汽车空调PTC加热器更换

一、明确任务

1. 新能源汽车空调PTC加热器更换

任务说明:请查阅维修手册等资料,准备空调制热系统PTC加热器总成更换所需的工具、配件等,明确空调制热系统PTC加热器更换的工作步骤,并予以实施工作。分组信息:4人/组,共6组。

二、工作准备与计划制订

(一)知识准备

1. PTC的含义

_____是Positive Temperature Coefficient(正温度系数)的缩写,是一种发热式的电阻材料,通电时产生热量,可供空调制热。_____是一种具有正温度敏感性的半导体电阻,它可作为发热元件,也可用作_____和_____。

2. 帝豪EV450新能源汽车空调暖风系统PTC加热器的安装位置

帝豪EV450汽车空调PTC加热器的安装位置,安装在_____,右侧靠车体位置。

(二)制订维修方案

1. 任务分工(表3-7)

学生任务分配表　　　表3-7

班级		组号		指导老师	
组长		任务分工			
组员1		任务分工			
组员2		任务分工			
组员3		任务分工			
组员4		任务分工			
组员5		任务分工			
组员6		任务分工			

2. 工量具、仪器设备与耗材准备

(1)使用的工量具有:_____。

(2)使用的仪器设备有:_____。

(3)使用的耗材有:_____。

3. 具体方案描述

_____

_____

_____

_____

_____

三 计划实施

(一)安全注意事项及技能要点

1. 安全注意事项

(1)个人防护和设备防护。

(2)操作高压电时需要佩戴绝缘手套等。

(3)注意冷却液不可与皮肤直接接触。

2.技能要点

(1)新能源汽车PTC加热器的正确操作。

(2)新能源汽车PTC加热器的拆卸方法。

(3)新能源汽车PTC加热器的安装方法。

(4)新能源汽车高压断电方法。

(二)新能源汽车空调PTC加热器的更换

1.新能源汽车空调PTC加热器的更换准备工作(表3-8)

新能源汽车空调PTC加热器的更换准备工作操作方法及说明　　表3-8

步骤	操作方法及说明	质量标准及记录
1.车辆安全及人身防护	(1)检查并佩戴高压绝缘手套。 (2)检查并佩戴安全帽。 (3)检查并佩戴护目镜。 (4)正确放置车轮挡块。 (5)布置车内三件套。 (6)布置车外三件套	□正确佩戴人身防护用品。 □正确布置车辆防护用品
2.准备工具及检测设备	(1)检查并确认所需的耗材及零部件。 (2)检查并确认本次工作需要用到的工具及检测设备。 写出所需要的耗材：_____ 写出所需要的配件：_____	□正确检查耗材及零部件是否符合要求。 □准备所使用的工具是否正确
3.确定工位是否符合要求	(1)工位是否有_____。 (2)工位是否配置_____、	□正确判断工位是否符合要求

2. 新能源汽车空调PTC加热器的拆卸(表3-9)

新能源汽车空调PTC加热器的拆卸工作操作方法及说明　　　表3-9

步骤	操作方法及说明	质量标准及记录
1.查阅资料	(1)查阅维修手册相关内容。 (2)阅读安全操作事项	□正确查阅维修手册及安全注意事项
2.断开低压电源	(1)断开蓄电池_____。 (2)负极断开后用绝缘胶带保护。 (3)断开后等待_____分钟再操作下一步	□正确断开蓄电池负极
3.断开高压电源	(1)断开_____母线高压电源插头。 (2)拆卸直流母线后进行验电,确认电压小于_____V。 (3)操作时需要佩戴高压防护手套	□正确断开直流母线插头。 □正确测量直流母线电压
4.断开PTC加热器总成高低压线束	(1)断开加热器低压线束1号连接器。 (2)断开加热器线束2号连接器。 (3)拆卸加热器搭铁线束固定螺母3,脱开搭铁线束	□正确断开加热器低压线束1号连接器。 □正确断开加热器线束2号连接器。 □正确拆卸加热器搭铁线束固定螺母并断开

续上表

步骤	操作方法及说明	质量标准及记录
4. 断开 PTC 加热器总成高低压线束	（1号连接器 2号连接器 固定螺母3）	
5. 断开 PTC 加热器水管	（1）在 PTC 加热器总成车底下放接冷却液的盆。 （2）分别拆卸进水管和出水管的抱箍并与 PTC 分离（此时会有部分冷却液溢出，属于正常现象）	□正确放置接水盆。 □正确拆卸进出水管的抱箍。 □正确使进出水管与 PTC 加热器断开
6. 拆卸 PTC 加热器总成	（1）拆卸 PTC 加热器总成左右两侧各两颗_____。 （2）小心取下_____总成	□正确拆卸 PTC 加热器总成固定螺栓。 □正确取下 PTC 加热器总成

3. 新能源汽车空调 PTC 加热器的安装（表3-10）

新能源汽车空调 PTC 加热器的安装工作操作方法及说明　　　　表3-10

步骤	操作方法及说明	质量标准及记录
1. 安装 PTC 加热器总成	（1）将新的 PTC 加热器总成放置在标准位置上。 （2）安装并紧固两颗固定螺栓	□正确安装 PTC 加热器总成。 □正确安装两颗固定螺母

续上表

步骤	操作方法及说明	质量标准及记录
1. 安装 PTC 加热器总成		
2. 连接 PTC 加热器总成管路	(1)安装 PTC 加热器_____和_____(注意进水管与出水管安装位置)。 (2)安装水管抱箍并确认_____	□正确安装 PTC 加热器总成进水管和出水管。 □正确安装水管抱箍
3. 连接 PTC 加热器总成高低压线束	(1)连接_____线束连接器并确认。 (2)连接_____线束连接器并确认。 (3)安装_____线并紧固螺栓	□正确连接低压线束连接器。 □正确连接高压线束连接器。 □正确安装搭铁线并紧固
4. 加注冷却液	(1)加_____液至标准刻度线。 (2)使用诊断仪进行空气排放	□正确加注冷却液。 □正确使用故障诊断仪进行管路排空气

续上表

步骤	操作方法及说明	质量标准及记录
5.连接高压电源	（1）连接直流母线高压电源插头。 （2）连接后必须检查是否_____。 （3）操作时需要佩戴高压防护手套	□ 正确连接直流母线插头。 □ 正确做好高压电安全防护
6.连接电池负极	（1）安装蓄电池负极。 （2）紧固蓄电池负极	□ 正确连接蓄电池负极
7.整理工位	（1）回收并放置车内三件套。 （2）回收并放置车外三件套。 （3）回收并放置车轮挡块。 （4）清洁并回收工具及检测设备。 （5）清洁工位	□ 正确回收车内和车外三件套。 □ 正确回收工具并清洁。 □ 正确清洁工位

四、评价反馈（表3-11）

评价表 表3-11

评分项目	评分标准	分值	得分
学习目标	能明确本任务的知识目标、技能目标、素养目标，理解任务在工作中的重要程度	5	
工作任务分析	能清晰描述完成本次工作任务内容	2	
	能清晰描述完成本次工作任务需必备的技能与知识点	2	
有效信息获取	新能源汽车空调暖风系统PTC加热器的含义	10	
	帝豪EV450新能源汽车空调暖风系统PTC加热器的安装位置	10	
实施方案制订	能清晰地制订并填写本次新能源汽车空调PTC加热器更换的准备作业计划	5	
	能组织或协同工作小组成员，明确本次任务所需仪器设备、工具、材料的准备与清点，并准备记录	5	
	能组织或协同工作小组成员交流，优化检查方案并记录	5	

续上表

评分项目	评分标准	分值	得分
任务实施	新能源汽车空调PTC加热器的更换准备工作	10	
	新能源汽车空调PTC加热器的拆卸	15	
	新能源汽车空调PTC加热器的安装	15	
任务评价	能通过本次任务实施,结合自己在实训过程中的表现,进行自我评价及自我反思并记录	3	
职业素养	按规定时间完成项目作业	2	
	遵守实训室管理规定、劳动纪律	2	
	积极参与课堂活动、回答问题	2	
	能够按时出勤	2	
思政要求	注重理论与实践相结合、责任与担当、细致严谨态度的传承	5	
	总计	100	

改进建议:

教师签字:
日期:

学习活动3 新能源汽车空调暖风电动水泵的检修

一  明确任务

1. 新能源汽车空调暖风电动水泵的检修

任务说明:请查阅维修手册等资料,准备新能源汽车空调电动水泵更换所需的诊断仪、工具、配件等,明确新能源汽车空调电动水泵检查和更换的工作步骤,并予以实施工作。分组信息:4人/组,共6组。

二  工作准备与计划制订

(一)知识准备

1. 新能源汽车空调暖风电动水泵的作用

_____主要应用于新能源汽车的驱动系统、空调暖风系统及动力蓄电池热管理

系统。新能源汽车中水泵一般为电子水泵(又称"电动水泵"),电子水泵主要应用于驱动电机、电动部件、动力蓄电池等的_____作用。

2. 新能源汽车空调暖风电动水泵的安装位置

以帝豪 EV450 纯电动车型为例,此款车型的暖风电动水泵安装在_____内,变速器总成上部,靠近_____总成,如图3-9 所示。

图 3-9　帝豪 EV450 暖风电动水泵

(二)制订维修方案

1. 任务分工(表 3-12)

学生任务分配表　　　　　表 3-12

班级		组号		指导老师	
组长			任务分工		
组员 1			任务分工		
组员 2			任务分工		
组员 3			任务分工		
组员 4			任务分工		
组员 5			任务分工		
组员 6			任务分工		

2. 工量具、仪器设备与耗材准备

(1)使用的工量具有:_____。

(2)使用的仪器设备有:_____。

(3)使用的耗材有:_____。

3. 具体方案描述

_____
_____
_____
_____

三　计划实施

(一)安全注意事项及技能要点

1. 安全注意事项

(1)个人防护和设备防护。

(2)操作高压电时需要佩戴绝缘手套等。

(3)注意冷却液不可与皮肤直接接触。

2. 技能要点

(1)新能源汽车暖风电动水泵的位置查找。

(2)新能源汽车暖风电动水泵的故障检测方法。

(3)新能源汽车暖风电动水泵的拆卸方法。

(4)新能源汽车暖风电动水泵的安装方法。

(二)新能源汽车空调暖风电动水泵的检修

1. 新能源汽车空调暖风电动水泵的检修准备工作(表3-13)

新能源汽车空调暖风电动水泵的检修准备工作操作方法及说明　　表3-13

步骤	操作方法及说明	质量标准及记录
1. 车辆安全及人身防护	(1)检查并佩戴高压绝缘手套。 (2)检查并佩戴安全帽。 (3)检查并佩戴护目镜。 (4)正确放置车轮挡块。 (5)布置车内三件套。 (6)布置车外三件套	□正确佩戴人身防护用品。 □正确布置车辆防护用品
2. 准备工具及检测设备	(1)检查并确认所需的耗材及零部件。 (2)检查并确认本次工作需要用到的工具及检测设备。 写出所需要的工具设备仪器： 写出所需要的耗材：＿＿＿＿ 写出所需要的配件：＿＿＿＿	□正确检查耗材及零部件是否符合要求。 □准备所使用的工具是否正确
3. 确定工位是否符合要求	(1)工位是否＿＿＿＿。 (2)工位是否配置＿＿＿＿、	□正确判断工位是否符合要求

2. 新能源汽车空调暖风电动水泵线路的检修(表3-14)

新能源汽车空调暖风电动水泵的检修工作操作方法及说明　　　表3-14

步骤	操作方法及说明	质量标准及记录
1. 查阅资料	(1)查阅维修手册相关内容。 (2)阅读安全操作事项	□正确查阅维修手册及安全注意事项
2. 检查熔断丝EF13	(1)检查熔断丝EF13是否损坏,如损坏转到下一步,结果:_____。 (2)检查EF13保险座输出对地电阻情况,如大于_____Ω,继续排除短路故障,如小于_____Ω,则正常。 (3)更换EF13熔断丝_____安培	□正确检查熔断丝。 □正确检查并判断是否有对地短路的情况。 □正确更换熔断丝的规定安培
3. 检查暖风水泵相关电路	(1)将点火开关置于_____挡,断开蓄电池负极。	□正确断开蓄电池负极。 □正确安装蓄电池负极并紧固。 □正确找到CA72插头并拔下。 □正确打开点火开关

续上表

步骤	操作方法及说明	质量标准及记录
3. 检查暖风水泵相关电路	(2) 断开暖风水泵＿＿＿＿线束插头。 (3) 连接蓄电池的负极, 将点火开关置于＿＿＿＿挡。 (4) 测量暖风水泵低压线束插头 CA72-3 号端子与搭铁之间的电压, 应为＿＿＿＿V 之间。	

续上表

步骤	操作方法及说明	质量标准及记录
3. 检查暖风水泵相关电路	(5)测量暖风水泵低压线束插头 CA72-1 与搭铁之间的电阻,应小于_____Ω。 (6)测量暖风水泵低压线束插头 CA72-2 与空调控制器 IP80-8 号,应小于1Ω。 (7)经测量线路都正常,对元件进行拆卸检测。 总结:_____	

3. 新能源汽车空调暖风电动水泵拆卸(表 3-15)

新能源汽车空调暖风电动水泵拆卸工作操作方法及说明　　　表 3-15

步骤	操作方法及说明	质量标准及记录
1. 查阅资料	(1)查阅维修手册相关内容。 (2)阅读安全操作事项	□正确查阅维修手册及安全注意事项
2. 断开低压电源	(1)断开蓄电池_____。 (2)负极断开后用绝缘胶带保护。 (3)断开后等待_____分钟再操作下一步	□正确断开蓄电池负极

续上表

步骤	操作方法及说明	质量标准及记录
2.断开低压电源		
3.拆卸暖风电动水泵相关配件	(1)断开暖风电动水泵总成的连接器。 (2)拆卸暖风电动水泵进、出水管的环箍	□正确断开暖风电动水泵连接器。 □正确拆卸暖风进出水管抱箍
4.断开暖风电动水泵水管	(1)在暖风电动水泵车底下放接冷却液的盆。 (2)分别拆卸_____和_____暖风电动水泵分离（此时会有部分冷却液溢出，属于正常现象）	□正确放置接水盆。 □正确使进出水管与暖风电动水泵断开

续上表

步骤	操作方法及说明	质量标准及记录
5.拆卸暖风电动水泵总成	（1）拆卸暖风电动水泵支架的固定螺母,取下暖风电动水泵。 （2）小心取下_____总成	□ 正确拆卸暖风电动水泵固定螺栓。 □ 正确取下暖风电动水泵总成
6.检测暖风电动水泵总成	（1）经检测发现暖风电动水泵电机电阻_____,判定_____。 总结：_____	□ 正确检测暖风电动水泵的情况。 □ 正确写出暖风电动水泵的检测参数

4.新能源汽车空调暖风电动水泵的安装(表3-16)

新能源汽车空调暖风电动水泵的安装工作操作方法及说明　　表3-16

步骤	操作方法及说明	质量标准及记录
1.安装暖风电动水泵总成	（1）将新的暖风电动水泵总成放置在标准位置上。 （2）安装并紧固两颗固定螺栓,力矩:23N·m	□ 正确安装暖风电动水泵总成。 □ 正确安装两颗固定螺母
2.连接暖风水泵总成管路	（1）安装暖风电动水泵_____和（注意进水管与出水管位置）。 （2）安装水管抱箍并确认_____	□ 正确安装暖风电动水泵总成进水管和出水管。 □ 正确安装水管抱箍

续上表

步骤	操作方法及说明	质量标准及记录
3. 连接暖风电动水泵总成相关附件	连接_____线束连接器并确认	□正确连接低压线束连接器
4. 加注冷却液	(1)加_____液至标准刻度线。 (2)使用诊断仪进行空气排放	□正确加注冷却液。 □正确使用故障诊断仪进行管路排空气
5. 连接蓄电池负极	(1)安装蓄电池负极。 (2)紧固蓄电池负极	□正确连接蓄电池负极
6. 整理工位	(1)回收并放置车内三件套。 (2)回收并放置车外三件套。 (3)回收并放置车轮挡块。 (4)清洁并回收工具及检测设备。 (5)清洁工位	□正确回收车内和车外三件套。 □正确回收工具并清洁。 □正确清洁工位

四、评价反馈（表3-17）

评价表　　　　　　　　　　　　　　　　　表3-17

评分项目	评分标准	分值	得分
学习目标	能明确本任务的知识目标、技能目标、素养目标，理解任务在工作中的重要程度	5	
工作任务分析	能清晰描述完成本次工作任务内容	2	
	能清晰描述完成本次工作任务需必备的技能与知识点	2	

续上表

评分项目	评分标准	分值	得分
有效信息获取	新能源汽车空调暖风电动水泵的作用	5	
	新能源汽车空调暖风电动水泵的安装位置	5	
实施方案制订	能清晰地制订并填写本次新能源汽车空调PTC加热器更换的准备作业计划	5	
	能组织或协同工作小组成员,明确本次任务所需仪器设备、工具、材料的准备与清点,并准备记录	5	
	能组织或协同工作小组成员交流,优化检查方案并记录	5	
任务实施	新能源汽车空调暖风电动水泵的检修准备工作	10	
	新能源汽车空调暖风电动水泵的拆卸	15	
	新能源汽车空调暖风电动水泵的检修	10	
	新能源汽车空调暖风电动水泵的安装	15	
任务评价	能通过本次任务实施,结合自己在实训过程中的表现,进行自我评价及自我反思并记录	3	
职业素养	按规定时间完成项目作业	2	
	遵守实训室管理规定、劳动纪律	2	
	积极参与课堂活动、回答问题	2	
	能够按时出勤	2	
思政要求	注重理论与实践相结合、责任与担当、细致严谨态度的传承	5	
总计		100	

改进建议:

教师签字:
日期:

学习活动4 新能源汽车空调风向电机控制电路检修

 明确任务

任务说明:待修车辆空调系统能运行,但出风模式不能正常调节,请检查空调风向

电机控制系统,确认故障现象。查阅维修手册等资料,准备空调风向电机控制电路故障检查与排除所需的工具、配件等,明确工作步骤,并予以实施工作。分组信息:4 人/组,共 6 组

二 工作准备与计划制订

(一)知识准备

1. 帝豪 EV450 新能源汽车空调通风控制系统工作原理

通风控制系统上的各种位置可使_____通过风道混合或引入冷风、热风和外部空气通过空调系统,气流由风道系统和出风口将空气输送到_____。在"AUTO(自动)"模式中会自动选择相应的模式状态,使用"MODE(模式)"按钮可更改车辆的_____。如果当前显示一个送风模式,则按"MODE(模式)"按钮可选择下一送风模式。帝豪 EV450 空调控制面板,如图 3-10 所示。

图 3-10 帝豪 EV450 空调控制面板

1-A/C 按键;2-风量调节旋钮;3-OFF 按键;4-风向调节按键;5-前风窗除霜除雾按键;6-温度调节旋钮;7-加热按键;8-后风窗/外后视镜除霜按键;9-内外循环按键;10-空气净化器按键;11-显示屏;12-AUTO 按键;13-驾驶员座椅加热按键;14-前排乘员侧座椅加热按键

2. 帝豪 EV450 新能源汽车空调手动调节/自动调节出风模式

该车型为_____空调控制器,提供了手动和自动两种出风模式供驾驶者选择。通过调节面/脚/风窗玻璃的风门可以控制_____。吹头和吹脚的温度分配的不同是为了给脚部提供较温暖的空气,给头部提供较凉爽的空气,保证驾驶人始终处于舒适的环境中驾驶。温度分配的范围将受到汽车空间大小的影响。自动空调控制器使用_____传感器来确定混合气体的温度。

手动状态下,驾驶人可以选择 4 种出风模式:_____、双向(吹面和吹脚)、_____、混合(吹脚和除霜),除霜模式为单独按键各出风模式下,LCD 显示相应标

识。各出风模式对应的角度及电压如图3-11所示。

手动设定位置	风向电机电压(V)
吹面	4.5
双向(吹面和吹脚)	3.5
吹脚	2.5
混合(吹脚和除霜)	1.5
除霜	0.5

图3-11 各出风模式风向电机电压

在自动状态下,出风模式是_____逻辑的一部分,出风模式由控制器自动选择。为达到舒适程度,空调控制模块选择一个当时最接近的模式显示在LCD上。当对出风模式按键进行操作时,系统将从自动模式转到手动模式。

3. 帝豪EV450新能源汽车空调内外循环控制

自动空调控制系统提供了_____种内外循环控制模式,分别是手动内循环,手动外循环,高配的自动空调系统还带有自动循环模式(AQS)。通过操作_____和_____来控制循环模式,A/C空调控制器根据设定的温度值。当前车外环境温度、车内温度、蒸发器表面温度、车速信号、冷却液温度信号、阳光强度、AQS信号等,输入给_____计算内外循环风门位置。驾驶人可以通过操作AUTO按键或者内/外循环按键切换至AQS模式,使内外循环模式控制进入自动模式(AQS模式)。自动模式中,当内循环模式保持_____分钟时,自动强制切换为外循环并保持30s,30s后回到内循环模式,与空气质量指令冲突时,优先_____指令。

4. 帝豪EV450新能源汽车空调模式执行器电路分析

模式执行器是由_____和_____组合,电机用于控制风向调节翻板,此翻板可以控制将风向调为吹脚、吹头或关闭等,用于切换出风口的风道。传感器用于监测翻板的实际位置,并通过电压信号反馈至A/C自动空调控制器(图3-12)。

1)电机

电机由两路线,模式执行器侧为IP92b插接器的_____号端子和_____号端子,分别连接到A/C自动空调控制器IP85插接器的_____号端子和_____号端子。由AC自动空调控制器控制电机_____转,电机则安装在风道翻板上。

2)位置传感器

位置传感器有三根线,分别为_____、_____和_____。A/C自动空调控制器通过IP85插接器的_____号端子给模式执行器IP92b插接器_____号端子提供_____的电压,此电压即为参考电压,作为该传感器的电源。此外,通过IP85插接器的2号端子连接到IP92b模式执行器3号端子,为传感器提供_____,传感器则从IP92b插接器2号端子将信号传送到IP85插接器的32号端子。当驱动翻板翻转时,该传感器将实际翻转位置反馈至_____。

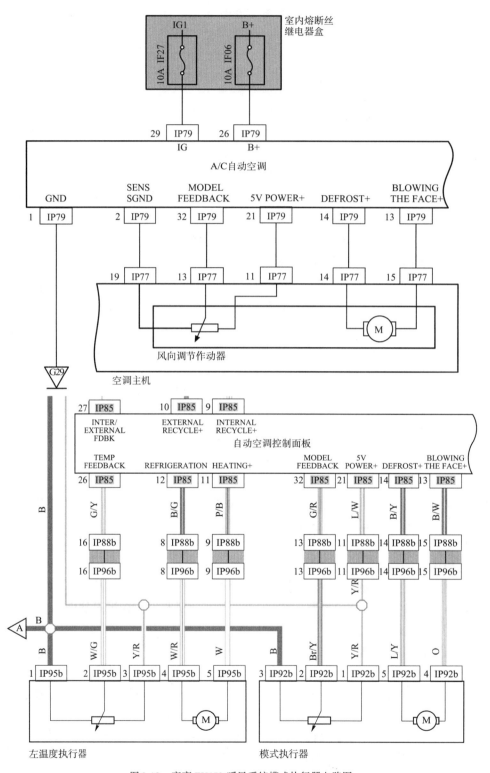

图 3-12 帝豪 EV450 暖风系统模式执行器电路图

5. 帝豪 EV450 新能源汽车空调内外循环执行器电路分析

内外循环执行器组成与模式执行器组成相似,均为_____和_____组合,区别在于内外循环执行器的电机用于控制循环模式调节翻板,此翻板可以控制车内空气的_____。当手动模式时只有内循环和外循环两种模式,自动模式则可由 A/C 空调控制器根据实际需要切换内外循环开启比例(图 3-13)。

1)电机

电机由两路线,内外循环执行器侧为 IP91C 插接器的_____号端子和_____号端子,分别连接到 A/C 自动空调控制器 IP85 插接器的_____号端子和_____号端子。由 AC 自动空调控制器控制电机_____,电机则安装在风道翻板上。

2)位置传感器

位置传感器有三根线,分别为_____、_____和_____。A/C 自动空调控制器通过 IP85 插接器的 21 号端子给模式执行器 IP91C 插接器 1 号端子提供 5V 的电压,此电压即为_____,作为该传感器的电源。此外,通过 IP85 插接器 2 号端子连接到 IP91C 插接器 3 号端子,为传感器提供接地,传感器则从 IP91C 插接器_____号端子将信号传送到 IP85 插接器的_____号端子。当驱动翻板翻转时,该传感器将实际翻转位置反馈至_____。

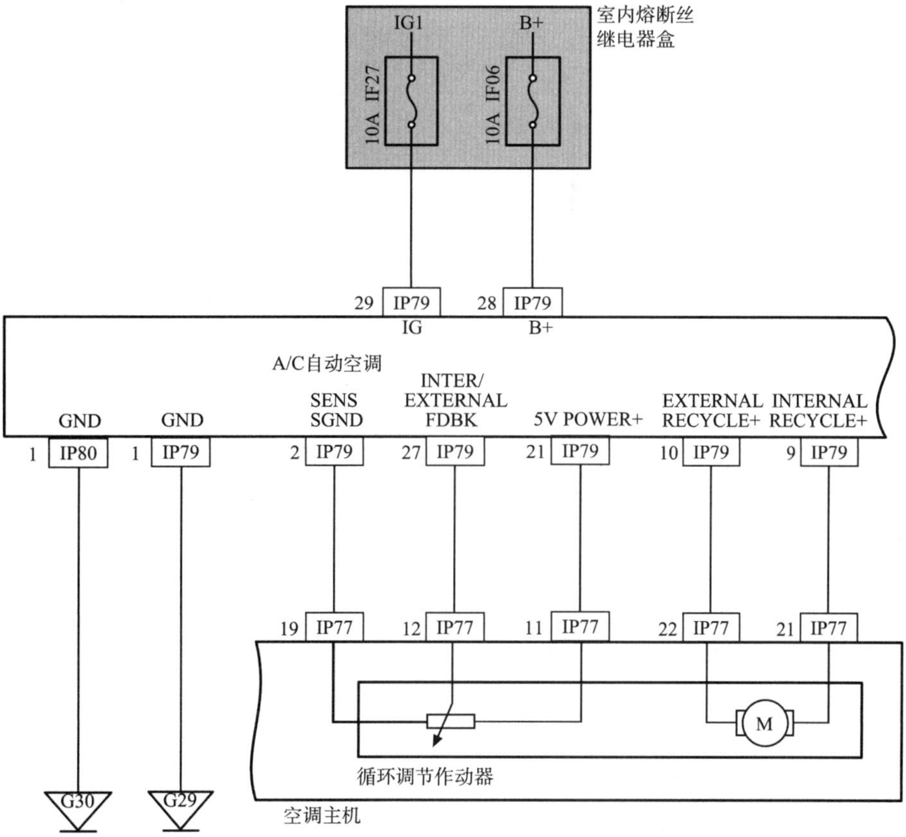

图 3-13

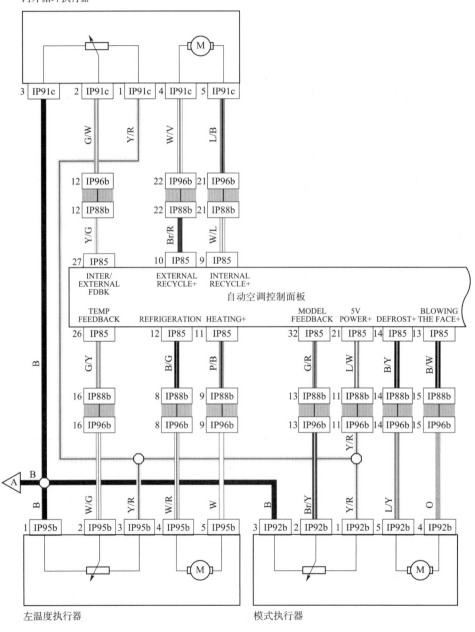

图 3-13 帝豪 EV450 暖风系统内外循环执行器电路图

(二)制订维修方案

1. 任务分工(表3-18)

学生任务分配表 表3-18

班级		组号		指导老师	
组长		任务分工			
组员1		任务分工			
组员2		任务分工			
组员3		任务分工			
组员4		任务分工			
组员5		任务分工			
组员6		任务分工			

2. 工量具、仪器设备与耗材准备

(1)使用的工量具有:_____。

(2)使用的仪器设备有:_____。

(3)使用的耗材有:_____。

3. 具体方案描述

_____

_____

_____

_____

_____

三、计划实施

(一)安全注意事项及技能要点

1. 安全注意事项

(1)拆装车内饰板部件。

(2)使用测量工具,检测部件及线路。

2. 技能要点

(1)空调面板的操作。

(2)车内饰板的拆装。

(3)万用表的使用。

(4)电路图与维修手册的使用。

(5)线路部件的检测。

(二)新能源汽车空调风向电机控制电路检修

1. 新能源汽车空调制热系统控制电路检修前准备工作(表3-19)

检修前准备工作操作方法及说明　　　　　　　　　表3-19

步骤	操作方法及说明	质量标准及记录
1. 工位检查	检查车辆周边的情况有无遮挡物	□正确设置车辆状态
2. 工作前准备	安装车轮挡块、内外三件套	□正确设置车辆安全防护装置
3. 检查各出风口模式工作情况	操作空调面板,打开各出风口风向调节,检测工作情况	□正确设置空调风向调节
4. 查阅资料	(1)查阅维修手册。	□正确设置车辆,查阅资料

续上表

步骤	操作方法及说明	质量标准及记录
4. 查阅资料	(2)查阅电路图	
5. 确认车辆无空调相关故障码	(1)将诊断仪与车辆 OBD 接口连接。 (2)诊断仪选择正确的车型。 (3)选择车辆测试功能,读取故障码,确定没有空调相关故障码	□正确连接诊断仪 □正确读取车辆故障码

2. 空调控制器供电电源检测(表3-20)

检查熔断丝 IF06 和 IF27 及其相关线路方法及说明　　　　表3-20

步骤	操作方法及说明	质量标准及记录
1. 检测熔断丝 IF06	(1)使用万用表,测量熔断丝 IF06 内阻值,应为_____Ω。 (2)若损坏,则检查电路是否存在短路,维修后更换额定值为 10A 的熔断丝	□正确判断熔断丝导通情况。 □正确选用熔断丝
2. 检测熔断丝 IF27	(1)使用万用表,测量熔断丝 IF27 内阻值,应为_____Ω。 (2)若损坏,则检查电路是否存在短路,维修后更换额定值为 10A 的熔断丝	□正确判断熔断丝导通情况。 □正确选用熔断丝

续上表

步骤	操作方法及说明	质量标准及记录
3. 检测电源线路是否对地短路	如发现熔断丝损坏,则需要检查熔断丝 IF06 和 IF27 线路是否对地有短路故障,电阻应为_____ Ω。若系统正常则结束诊断,否则继续诊断	□正确判断线路情况

3. 仪表板杂物箱的拆卸(表3-21)

仪表板杂物箱的拆卸方法及说明　　　　　　　　表3-21

步骤	操作方法及说明	质量标准及记录
1. 拆卸仪表板右侧端盖	将仪表板右侧端盖拉起,如图所示 	□正确拆卸饰板
2. 拆卸杂物箱阻尼器固定销	打开杂物箱,找到阻尼器,并拆卸固定销 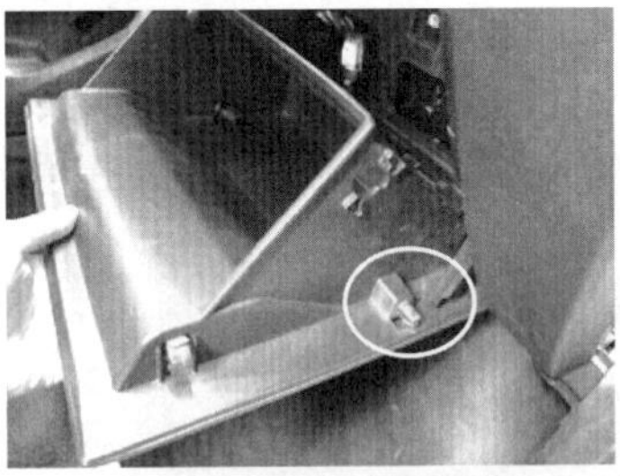	□正确拆卸阻尼器固定销
3. 拆卸仪表板杂物箱2个固定销	按箭头指示拆卸仪表板杂物箱2个固定销 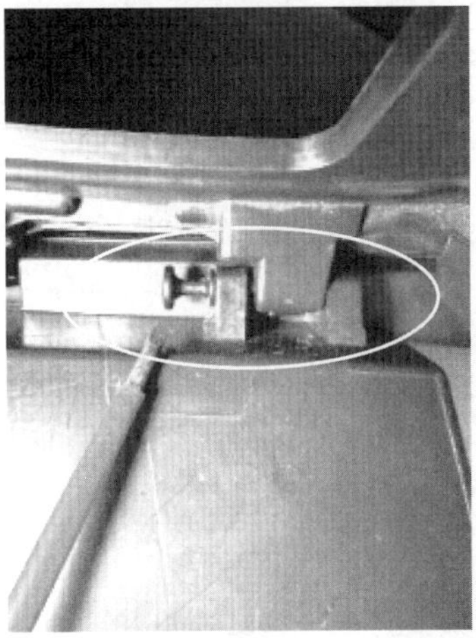	□正确拆卸固定销

续上表

步骤	操作方法及说明	质量标准及记录
4. 拆下仪表板杂物箱	打开仪表板杂物箱,取下仪表板杂物箱	□正确取下杂物箱

4. A/C 空调控制器线束连接器的测量(表 3-22)

A/C 空调控制器线束连接器端子电压测量方法及说明　　　　表 3-22

步骤	操作方法及说明	质量标准及记录
1. 检查 A/C 空调控制器线束连接器(端子电压)	(1)操作启动开关使电源模式至 OFF 状态,断开蓄电池负极。 (2)断开 A/C 空调控制器线束连接器 IP85 和 IP86a。 (3)连接蓄电池负极,操作启动开关使电源模式至_____状态。 (4)测量 A/C 空调控制器线束连接器 IP85 端子 28、29 号对车身搭铁的电压。电压标准值:_____V。 (5)确认电压是否符合标准值。若电压不正常,则修理或更换线束;否则继续诊断	□正确测量端子电压
2. 检查 A/C 空调控制器线束连接器(接地端子导通性)	(1)操作启动开关使电源模式至 OFF 挡。 (2)测量 A/C 空调控制器线束连接器 IP85 端子 1 与车身搭铁之间的电阻值。电阻标准值:小于_____Ω。	□正确设置电源模式。 □正确测量端子电阻

续上表

步骤	操作方法及说明	质量标准及记录
2. 检查 A/C 空调控制器线束连接器(接地端子导通性)	(3)确认电阻是否符合标准值。若电阻不正常,则修理或更换线束;否则继续诊断	
3. 检查 A/C 空调控制器线束连接器(接地端子导通性)	(1)操作启动开关使电源模式至 OFF 挡。 (2)测量 A/C 空调控制器线束连接器 IP86a 端子 1 与车身搭铁之间的电阻值。电阻标准值:小于_____Ω。 (3)确认电阻是否符合标准值。若电阻不正常,则修理或更换线束;否则继续诊断	□ 正确设置电源模式。 □ 正确测量端子电阻
4. 检查风向调节作动器与 A/C 空调控制器之间的线束	(1)操作启动开关,使电源模式至 OFF 状态。 (2)断开蓄电池负极电缆,并等待至少_____s 以上。 (3)断开 A/C 空调控制器线束连接器 IP85。 (4)断开空调主机线束连接器 IP92b。 (5)测量 IP85 端子_____与 IP92b 端子_____之间的电阻值。 (6)测量 IP85 端子 2 与 IP92b 端子 19 之间的电阻值。	□ 正确断开蓄电池负极电缆。 □ 正确断开连接器。 □ 正确使用万用表。 □ 正确测量端子电阻值

续上表

步骤	操作方法及说明	质量标准及记录
4. 检查风向调节作动器与 A/C 空调控制器之间的线束	(7)测量 IP85 端子 32 与 IP92b 端子 13 之间的电阻值。 (8)测量 IP85 端子 13 与 IP92b 端子 15 之间的电阻值。 (9)测量 IP85 端子 14 与 IP92b 端子 14 之间的电阻值，电阻标准值：小于_____Ω。 (10)确认电阻值是否符合标准值。若电阻不正常，则更换或维修线束或连接器；否则继续诊断	

5. 新能源汽车空调部件检测(表3-23)

新能源汽车空调部件检测方法及说明　　　　　　表3-23

步骤	操作方法及说明	质量标准及记录
1. 检查温度执行器线束连接器对地短路	(1)操作启动开关,使电源模式至OFF状态。 (2)断开蓄电池负极电缆,并等待至少＿＿＿＿s以上。 (3)断开A/C空调控制器线束连接器IP85。 (4)断开空调主机线束连接器IP92b。 (5)测量线束连接器IP92b端子＿＿＿＿与车身搭铁之间的电阻值。 (6)测量线束连接器IP92b端子＿＿＿＿与车身搭铁之间的电阻值。 (7)测量线束连接器IP92b端子＿＿＿＿与车身搭铁之间的电阻值。	□正确断开蓄电池负极电缆。 □正确断开连接器。 □正确使用万用表。 □正确测量端子电阻值

续上表

步骤	操作方法及说明	质量标准及记录
1. 检查温度执行器线束连接器对地短路	（8）测量线束连接器 IP92b 端子_____与车身搭铁之间的电阻值。 （9）测量线束连接器 IP92b 端子_____与车身搭铁之间的电阻值。 电阻标准值：_____。 （10）确认电阻值是否符合标准值。若电阻不正常，则更换或维修线束或连接器；否则继续诊断	
2. 检查冷暖调节作动器线束连接器对电源短路	（1）连接蓄电池负极电缆。 （2）操作启动开关，使电源模式至_____状态。 （3）测量线束连接器 IP92b 端子_____与车身搭铁之间的电压值。	□正确连接蓄电池负极电缆。 □正确断开连接器。 □正确使用万用表。 □正确测量端子电阻值

续上表

步骤	操作方法及说明	质量标准及记录
2. 检查冷暖调节作动器线束连接器对电源短路	（4）测量线束连接器 IP92b 端子_____与车身搭铁之间的电压值。 （5）测量线束连接器 IP92b 端子_____与车身搭铁之间的电压值。 （6）测量线束连接器 IP92b 端子_____与车身搭铁之间的电压值。	

续上表

步骤	操作方法及说明	质量标准及记录
2. 检查冷暖调节作动器线束连接器对电源短路	(7)测量线束连接器 IP92b 端子_____与车身搭铁之间的电压值。 电压标准值:_____V。 (8)确认电压值是否符合标准值。若电压不正常,则更换或维修线束或连接器;否则需要更换空调主机	
3. 检查 A/C 空调控制器线束连接器(搭铁端子导通性)	(1)操作启动开关使电源模式至_____挡。 (2)测量 A/C 空调控制器线束连接器 IP86a 端子 1 与车身搭铁之间的电阻值。电阻标准值:小于_____Ω。 (3)确认电阻是否符合标准值。若电阻不正常,则修理或更换线束;否则继续诊断	□正确设置电源模式。 □正确测量端子电阻
4. 检查风向调节作动器与 A/C 空调控制器之间的线束	(1)操作启动开关,使电源模式至 OFF 状态。 (2)断开蓄电池负极电缆,并等待至少_____s 以上。 (3)断开 A/C 空调控制器线束连接器 IP85。 (4)断开空调主机线束连接器 IP92b。 (5)测量 IP85 端子_____与 IP92b 端子_____之间的电阻值。	□正确断开蓄电池负极电缆。 □正确断开连接器。 □正确使用万用表。 □正确测量端子电阻值

续上表

步骤	操作方法及说明	质量标准及记录
4. 检查风向调节作动器与 A/C 空调控制器之间的线束	(6)测量 IP85 端子 2 与 IP92b 端子 _____ 之间的电阻值。 (7)测量 IP85 端子 32 与 IP92b 端子 _____ 之间的电阻值。 (8)测量 IP85 端子 13 与 IP92b 端子 _____ 之间的电阻值。	

续上表

步骤	操作方法及说明	质量标准及记录
4. 检查风向调节作动器与 A/C 空调控制器之间的线束	（9）测量 IP85 端子 14 与 IP92b 端子_____之间的电阻值。 电阻标准值：小于_____Ω。 （10）确认电阻值是否符合标准值。若电阻不正常，则更换或维修线束或连接器；否则继续诊断	

四、评价反馈（表3-24）

评价表　　　　　　　　　　　　　　　　　　　　　表3-24

评分项目	评分标准	分值	得分
学习目标	能明确本任务的知识目标、技能目标、素养目标，理解任务在工作中的重要程度	5	
工作任务分析	能清晰描述完成本次工作任务内容	2	
	能清晰描述完成本次工作任务需必备的技能与知识点	2	
有效信息获取	能正确叙述帝豪 EV450 新能源汽车空调通风控制系统工作原理	4	
	能正确叙述帝豪 EV450 新能源汽车空调手动调节/自动调节出风模式的结构特点	4	
	能正确叙述帝豪 EV450 新能源汽车空调内外循环控制的特点	4	
	能正确叙述帝豪 EV450 新能源汽车空调模式执行器电路	4	
	能正确叙述帝豪 EV450 新能源汽车空调内外循环执行器电路原理	4	
实施方案制订	能清晰地制订并填写本次新能源汽车空调制热系统控制电路检修的准备作业计划	5	
	能组织或协同工作小组成员，明确本次任务所需仪器设备、工具、材料的准备与清点，并准备记录	5	
	能组织或协同工作小组成员交流，优化检查方案并记录	5	

续上表

评分项目	评分标准	分值	得分
任务实施	新能源汽车空调制热系统控制电路检修前准备工作	8	
	A/C空调控制器供电电源检测	8	
	仪表板杂物箱的拆卸	8	
	A/C空调控制器线束连接器的测量	8	
	新能源汽车空调部件检测量	8	
任务评价	能通过本次任务实施,结合自己在实训过程中的表现,进行自我评价及自我反思并记录	3	
职业素养	按规定时间完成项目作业	2	
	遵守实训室管理规定、劳动纪律	2	
	积极参与课堂活动、回答问题	2	
	能够按时出勤	2	
思政要求	注重理论与实践相结合、责任与担当、细致严谨态度的传承	5	
总计		100	

改进建议:

教师签字:
日期:

学习活动5　新能源汽车空调风向电机的检查与更换

任务说明:请查阅维修手册等资料,准备新能源汽车空调风向电机的检查与更换所需的诊断仪、工具、配件等,明确新能源汽车空调风向电机的检查与更换的工作步骤,并予以实施工作。分组信息:4人/组,共6组。

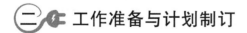

(一)知识准备

1. 帝豪EV450新能源汽车空调风向电机

风向电机用于调节出风口出风_____,可以组织吹面、双向(吹面和吹脚)、吹脚、混合(吹脚和除霜)等多种出风类型。常用的风向电机有直流电动机和内含微芯片的伺服电动机。

1)直流电动机

风向电机有内置电机位置传感器_____电动机和_____信号定位直流电动机两种。帝豪 EV450 采用的是前者,该电动机是由电机位置传感器与风门电机组成,电机位置传感器位于直流电动机内部,电路图如图 3-14 所示。

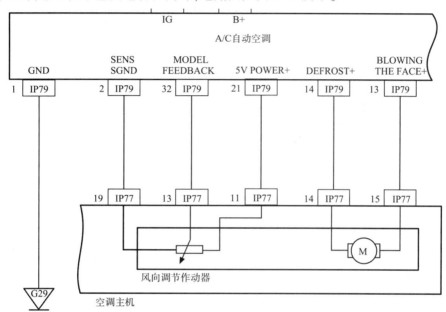

图 3-14　帝豪 EV450 空调风向电机电路图

2)内含微芯片的伺服电动机

按照电动机与空调 ECU 连接方式的不同,内含微芯片的伺服电动机分为总线连接型和无总线连接型。

(二)制订工作方案

1.任务分工(表 3-25)

学生任务分配表　　　　　　　　　　表 3-25

班级		组号		指导老师	
组长		任务分工			
组员 1		任务分工			
组员 2		任务分工			
组员 3		任务分工			
组员 4		任务分工			
组员 5		任务分工			
组员 6		任务分工			

新能源汽车空调检修

2. 工量具、仪器设备与耗材准备

(1) 使用的工量具有：_____。

(2) 使用的仪器设备有：_____。

(3) 使用的耗材有：_____。

3. 具体方案描述

_____
_____
_____
_____
_____

三 计划实施

(一) 安全注意事项及技能要点

1. 安全注意事项

(1) 拆装车内饰板部件。

(2) 常用工具的安全使用。

2. 技能要点

(1) 电路图与维修手册的使用。

(2) 常用工具的使用。

(3) 车内饰板的拆装。

(4) 仪表台的拆装。

(5) 风向电机的更换。

(二) 新能源汽车空调风向电机的检查与更换

1. 安全防护准备（表3-26）

安全防护准备方法及说明　　　　　　表3-26

步骤	操作方法及说明	质量标准及记录
1. 工位检查	(1) 检查车辆周边的情况有无遮挡物。	□正确设置车辆状态

续上表

步骤	操作方法及说明	质量标准及记录
1. 工位检查	（2）准备绝缘手套、绝缘帽、安全隔离带	
2. 工作前准备	安装车轮挡块、内外三件套	□正确设置车辆安全防护装置

续上表

步骤	操作方法及说明	质量标准及记录
3. 查阅资料	查阅维修手册 暖风、通风与空调系统 8.1 警告和注意事项 8-3 8.1.1 警告和注意事项 8-3 8.1.1.1 警告和注意事项 8-3 8.2 空调系统 8-4 8.2.1 规格 8-4 8.2.1.1 紧固件规格 8-4 8.2.1.2 制冷系统参数 8-6 8.2.1.3 室外温度传感器的电阻特性 8-7 8.2.2 描述和操作 8-8 8.2.2.1 概述 8-8 8.2.3 系统工作原理 8-10 8.2.3.1 自动空调功能说明 8-10 8.2.3.2 自动空调工作原理 8-13 8.2.4 部件位置 8-15 8.2.4.1 空调系统元件布置总图 8-15 8.2.4.2 空调主机总成结构位置图 8-16 8.2.5 分解图 8-17 8.2.5.1 分解图 8-17 8.2.6 电气原理示意图 8-18 8.2.6.1 电气原理框图 8-18 8.2.7 诊断信息和步骤 8-19 8.2.7.1 诊断说明 8-19 8.2.7.24 DTC B119411 B119415 8-102 8.2.8 拆卸与安装 8-107 8.2.8.1 空调控制面板总成的更换 8-107 8.2.8.2 制冷空调管更换 8-108 8.2.8.3 暖风水管更换 8-115 8.2.8.4 加热器出水管更换 8-116 8.2.8.5 空调压力开关更换 8-118 8.2.8.6 空调滤芯更换 8-119 8.2.8.7 空调主机总成更换 8-121 8.2.8.8 膨胀阀更换 8-125 8.2.8.9 电动压缩机总成更换 8-129 8.2.8.10 鼓风机调速模块更换 8-131 8.2.8.11 鼓风机电机更换 8-132 8.2.8.12 风向调节电机更换 8-133 8.2.8.13 内外循环调节电机更换 8-135 8.2.8.14 冷暖风调节电机更换 8-136 8.2.8.15 仪表板中央出风口更换 8-138 8.2.8.15 仪表板侧出风口更换 8-140 8.2.8.17 空调通风管更换 8-141 8.2.8.18 三通电磁阀总成更换 8-143 8.2.8.19 热交换器进出水管更换 8-145 8.2.8.20 热交换器总成更换 8-146 8.2.8.21 加热器总成更换 8-150 8.2.8.22 暖风芯体更换 8-152 8.2.8.23 冷凝器更换 8-156	□正确设置车辆，查阅资料

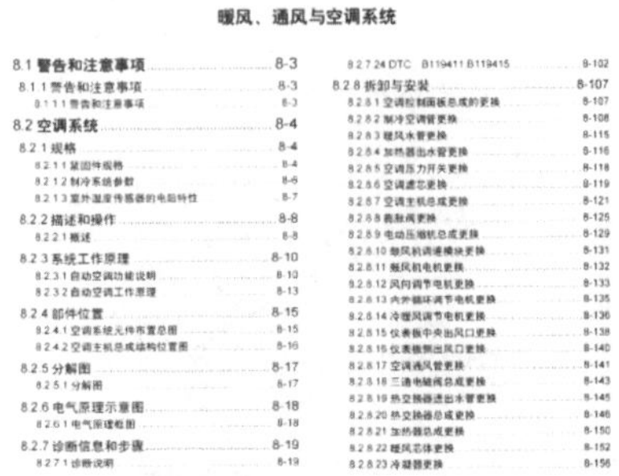

2. 拆卸仪表盘总成(表 3-27)

仪表盘总成拆卸方法及说明 表 3-27

步骤	操作方法及说明	质量标准及记录
1. 拆卸蓄电池负极电缆	使用扳手拆卸蓄电池负极电缆 	□正确断开负极电缆
2. 拆卸驾驶员安全气囊	需要负极断开________s 以上，才能拆卸驾驶员安全气囊 	□正确设置停留时间。 □正确拆卸安全气囊

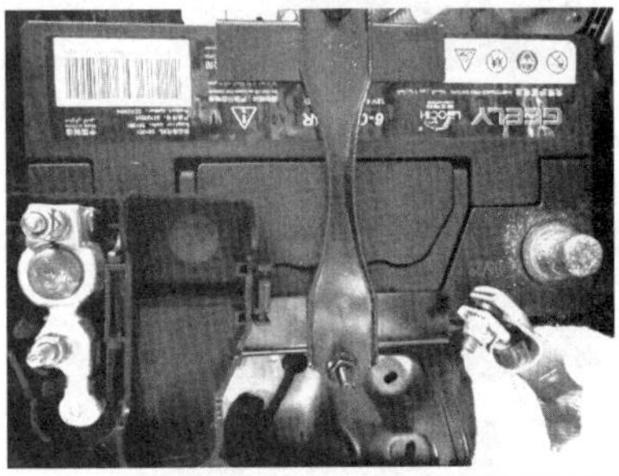

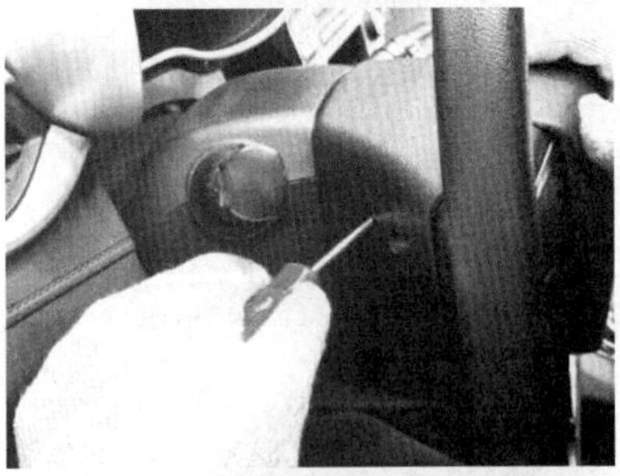

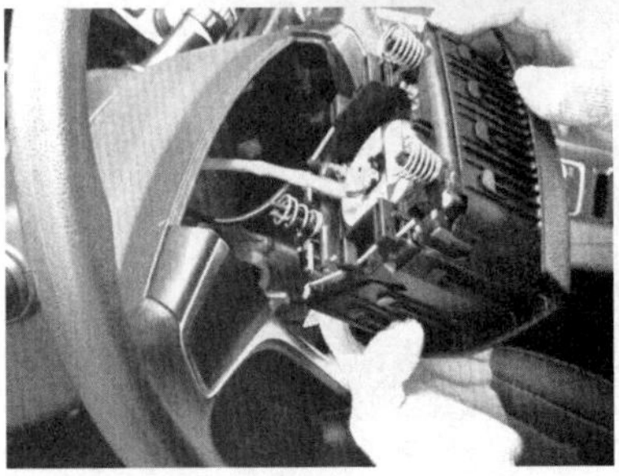

续上表

步骤	操作方法及说明	质量标准及记录
3.拆卸转向盘	（1）使用工具拧松固定螺栓，并用记号笔做好记号。 （2）取下转向盘	□正确设置转向盘记号。 □正确取下转向盘
4.拆卸转向盘转角传感器(游丝)	（1）断开安全气囊连接器、断开传感器连接器。 （2）取下转向盘转角传感器	□正确取下转向盘转角传感器

续上表

步骤	操作方法及说明	质量标准及记录
5.拆卸A柱的饰板	使用内饰翘板拆卸左右两侧A柱饰板	□正确取下A柱的饰板
6.拆卸仪表盘的杂物箱	拆卸阻尼器、固定销,取下杂物箱	□正确取下杂物箱
7.拆卸组合仪表总成	使用工具拆卸固定螺栓;并断开连接器,取下组合仪表总成	□正确取下组合仪表总成
8.拆卸组合灯光开关和刮水器开关总成	拆卸左侧_____和右侧_____	□正确取下组合灯光开关和刮水器开关总成

续上表

步骤	操作方法及说明	质量标准及记录
9. 拆卸车载主机和空调面板总成	(1)断开车载主机连接器,并取下车载主机。 (2)断开空调面板总成连接器,并取下空调面板总成	□正确取下车载主机。 □正确取下空调面板总成
10. 拆卸左右两侧的下护板	拆卸固定螺栓,翘松卡扣,取下左右下护板	□正确取下左右下护板
11. 拆卸仪表板总成	组员合力,将总成取下	□正确取下仪表板总成

3. 拆卸风向调节电机(表3-28)

风向调节电机拆卸方法及说明　　　　　　表3-28

步骤	操作方法及说明	质量标准及记录
1. 拆卸电动助力转向管柱总成	使用工具拆卸总成固定螺栓,并取下总成	□正确取下总成

续上表

步骤	操作方法及说明	质量标准及记录
2. 拆卸仪表板横梁	(1) 拆卸横梁固定螺栓。 (2) 组员合力,取下横梁总成	□正确取下横梁总成
3. 拆卸风向调节电机	(1) 拆卸风向调节电机的三个固定螺栓,断开线束连接器。 (2) 取下风向电机	□正确设置连接器。 □正确取电机总成

4. 安装风向调节电机(表3-29)

风向调节电机安装方法及说明　　　　　　　　　　　　　表3-29

步骤	操作方法及说明	质量标准及记录
1. 拆卸安装固定螺栓	安装风向调节电机,紧固个固定螺栓,紧固力矩_____	□正确设置电机总成
2. 安装仪表板横梁	(1)安装横梁总成。 (2)紧固横梁固定螺栓,紧固力矩:_____	□正确设置横梁总成
3. 安装电动助力转向管柱总成	(1)安装转向管柱总成。 (2)紧固管柱总成固定螺栓;紧固力矩:_____	□正确连接连接器。 □正确设置转向管柱总成

5. 安装仪表盘总成(表3-30)

仪表盘总成安装方法及说明　　　　　　　表3-30

步骤	操作方法及说明	质量标准及记录
1. 安装仪表板总成	将总成安装至正确位置	□正确设置仪表板总成
2. 安装左右两侧的下护板	紧固固定螺栓,翘松卡扣,安装左右下护板	□正确设置左右下护板
3. 安装车载主机和空调面板总成	(1)连接车载主机连接器,并安装车载主机,紧固螺栓力矩:_____。	□正确设置车载主机 □正确设置空调面板总成

续上表

步骤	操作方法及说明	质量标准及记录
3.安装车载主机和空调面板总成	（2）连接空调面板总成连接器，并安装空调面板总成	
4.安装组合灯光开关和刮水器开关总成	安装左侧_____和右侧_____	□正确设置组合灯光开关和刮水器开关总成
5.安装组合仪表总成	连接连接器，安装组合仪表总成，使用工具紧固固定螺栓，紧固力矩：_____	□正确安装组合仪表总成

续上表

步骤	操作方法及说明	质量标准及记录
6. 安装仪表盘的杂物箱	安装阻尼器、固定销,取下杂物箱	□正确安装杂物箱
7. 安装A柱的饰板	使卡扣对准安装口,安装左右两侧A柱饰板	□正确安装A柱的饰板
8. 安装转向盘转角传感器(游丝)	(1)连接安全气囊连接器、传感器连接器。 (2)安装转向盘转角传感器	□正确安装转向盘转角传感器

续上表

步骤	操作方法及说明	质量标准及记录
9. 安装转向盘	使前轮处于_____，对准记号，安装转向盘，使用工具紧固固定螺栓，紧固力矩：_____	□正确设置转向盘记号。 □正确安装转向盘
10. 安装驾驶员安全气囊	连接_____线束连接器及_____线束连接器，安装安全气囊	□正确安装安全气囊
11. 安装蓄电池负极电缆	使用扳手安装蓄电池负极电缆固定螺栓，紧固力矩：_____	□正确安装蓄电池负极电缆

续上表

步骤	操作方法及说明	质量标准及记录
12. 整理工位	(1) 回收并放置车内三件套。 (2) 回收并放置车外三件套。 (3) 回收并放置车轮挡块。 (4) 清洁并回收工具及检测设备。 (5) 清洁工位 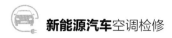	□正确回收车内和车外三件套。 □正确回收工具并清洁。 □正确清洁工位

四、评价反馈(表3-31)

评价表　　　　表3-31

评分项目	评分标准	分值	得分
学习目标	能明确本任务的知识目标、技能目标、素养目标,理解任务在工作中的重要程度	5	
工作任务分析	能清晰描述完成本次工作任务内容	2	
	能清晰描述完成本次工作任务需必备的技能与知识点	2	
有效信息获取	能正确叙述帝豪EV450新能源汽车空调风向电机控制原理	5	
	能制定更换风向电机总成方案	5	
实施方案制订	能清晰地制订并填写本次新能源汽车空调制热系统控制电路检修的准备作业计划	5	
	能组织或协同工作小组成员,明确本次任务所需仪器设备、工具、材料的准备与清点,并准备记录	5	
	能组织或协同工作小组成员交流,优化检查方案并记录	5	
任务实施	安全防护准备	10	
	拆卸仪表盘总成	10	
	拆卸风向调节电机	10	
	安装风向调节电机	10	
	安装仪表盘总成	10	

续上表

评分项目	评分标准	分值	得分
任务评价	能通过本次任务实施,结合自己在实训过程中的表现,进行自我评价及自我反思并记录	3	
职业素养	按规定时间完成项目作业	2	
	遵守实训室管理规定、劳动纪律	2	
	积极参与课堂活动、回答问题	2	
	能够按时出勤	2	
思政要求	注重理论与实践相结合、责任与担当、细致严谨态度的传承	5	
	总计	100	

改进建议:

教师签字:
日期:

 习题

1. 单选题

(1) 目前传统燃油汽车空调系统普遍采用( )供暖方式。

　　A. 电加热器　　B. 发动机余热　　C. 变速器　　D. 蒸发器

(2) 采用 PTC 加热器的新能源汽车供暖系统会消耗( )的电量,从而降低车辆的续航里程。

　　A. 蓄电池　　B. 电机　　C. 动力蓄电池　　D. 电机控制器

(3) 帝豪 EV450 PTC 加热控制器低压连接器编号为( )。

　　A. CA61　　B. CA62　　C. CA63　　D. CA64

(4) R134a 制冷系统冷冻油采用( )。

　　A. 合成油　　B. 矿物油　　C. 机油　　D. 润滑油

2. 判断题

(1) 在使用万用表测量高压电时,需遵守双手操作原则。　　( )

(2) 帝豪 EV450 PTC 加热控制器是通过 CAN 信号进行通信的。　　( )

(3) 帝豪 EV450 暖风电动水泵供电熔断丝为 EF13。　　( )

(4) 帝豪 EV450 空调面板常供电熔断丝是 IF27。　　( )

(5) 帝豪 EV450 PTC 加热器高压插件不设置高压互锁安全装置。　　( )

3. 实操练习题

(1) 在图中标出空调 PTC 加热系统主要部件,认知 PTC 加热水泵的位置。

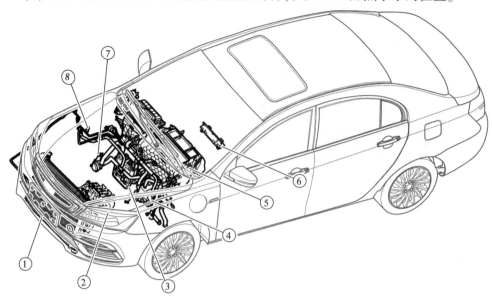

(2) 开展鼓风机调速模块更换实训活动,并记录流程步骤。

参考文献

[1] 任洪涛.新能源汽车维护[M].北京:中国劳动社会保障出版社,2022.

[2] 杨洋.汽车空调简单故障检修[M].北京:中国劳动社会保障出版社,2022.

[3] 王晓刚,刘兆群,王凌芳.新能源汽车空调检修[M].成都:电子科技大学出版社,2022.

[4] 敖克勇,周其江.新能源汽车电子电器、空调技术[M].北京:机械工业出版社,2023.

[5] 徐继勇.新能源汽车空调检测与维修[M].北京:中国劳动社会保障出版社,2020.

[6] 王景智,马博,王旭.新能源汽车电动空调、转向和制动系统检修[M].北京:机械工业出版社,2022.